På Uppdrag
i Rymden

ISBN:

978-91-986273-3-6 (Paperback)

978-91-986273-4-3 (Hardcover)

978-91-986273-5-0 (E-book)

Engelsk titel: *Mission Space*

Andra böcker på svenska av Mariana Stjerna:
På Änglavingar
Tidsresa till Ursprunget och Framtiden
Graalens Gåta – Jesus och Maria ur ett nytt perspektiv
Det Osynliga Folket – I naturens magiska värld
Agartha – Jordens inre värld

Other books in English by Mariana Stjerna:
On Angels' Wings
Time Journey to the Origin and the Future
The Bible Bluff
The Invisible People
Agartha – The Earth's Inner World

SoulLink Publisher
www.SoulLink.se
info@SoulLink.se

Mariana Stjerna

På Uppdrag i Rymden

med start i Agartha

SoulLink Publisher

Innehåll

Förord

Jag hade inte tänkt skriva någon mer bok om Jan och Lydia. Boken *Agartha - jordens inre värld* var utgiven och jag hade upplyst mina läsare om att Jorden är ihålig och att det finns ett enormt rike därinne som kallas Agartha. Jag som författare kan förstås inte bevisa dess existens, även om det finns några på Jorden nu levande människor som varit där.

Dessutom skulle det vara en stor risk för Agartha att Jordens befolkning blev medvetna om sin existens, eftersom vi jordemänniskor har för vana att anse allt främmande, utomjordiskt, som ett hot. Det måste bli en ändring på detta på stillsam, vänlig väg, inte med bråk och förnekanden.

På uppdrag i rymden kom till just för att berätta att det finns utvecklade och civiliserade civilisationer där, som vill ha kontakt med Jorden för att lära oss hur vi ska leva i kärlek och samverkan, ljus och harmoni. Det är vad som saknas på vår älskade planet, och som vi behöver lära oss att utvecklas

Jag trodde att denna bok var ett slags farväl från Jan Fridegård, men jag hade fel, för jag har inspirerats till att skriva ytterligare ett manus: "Besök i okända världar - en resa i min inre rymd." Den handlar om mina erfarenheter i min egen inre rymd och innehåller även lite självbiografiskt material. Men nu har Jan och Lydia sagt ifrån att de har andra uppgifter att sköta. Så tyvärr är det slut på Janne-inspirerade böcker. Dessutom har författarinnan hunnit uppnå en ålder då skrivandet inte är lika lekande lätt som förut.

Så jag vill tacka alla mina läsare för att ni varit så trofasta i läsandet av mina böcker. Vi kanske möts en gång i en annan dimension... nej, förlåt, på en annan frekvens. Och till dess, kära läsare, lova mig att ni försöker låta bli att vara rädda. Rädslan förstör allt det goda hos er, och allt det fina som ni har byggt upp under alla år. Rädslan utplånar era chanser till djupaste glädje, tillit och kärlek, framför allt Kärlek. Det finns ingenting att vara rädd för, såvida ni inte möter ett hungrigt lejon på natten i skogen ... Undvik det!

Med ett vänligt skratt och en okynnesglimt i ögonen säger jag "Farväl!" Men man vet aldrig om det blir På återseende!

Mariana Stjerna

Den här boken tillägnar jag mina två döttrar Tina och Louise, med förhoppning att ni kommer att läsa mammas flummigheter! Jag älskar er!

Nästa tillägnan går till går till de vänner som hela tiden stöttat och uppmuntrat mig. Det är paret Inga och Cagga Levander och deras son David. Tack för allt intresse och all hjälp!

Sist men inte minst tackar jag Chris, min 7 år gamla dvärgpudel, för ständig medverkan och trofasthet i min omedelbara närhet.

1. Uppdraget

Jan Fridegård anropar Mariana:

<*Jan*> "Hallå, hallå, är du där?"

<*Mariana*> "Jaa! Vart har du tagit vägen? Jag har kommit ut med en bok om Jordens inre värld, Agartha, och där var du inte med! Jag saknade dig faktiskt!"

<*Jan*> "Bra! För nu är jag här. Jag har också varit i Agartha. Jag har upplevt en hel del där och en hel del på Sirius må du tro! Jag har varit på uppdrag både på Sirius och Plejaderna och inte minst i Andromedagalaxen. Vad säger du om det?"

<*Mariana*> "Berätta, Janne, berätta! Ska vi skriva en ny bok?"

<*Jan*> "Just precis, kära gamla medium. Det är dags igen. Jag har faktiskt ganska mycket att berätta."

<*Mariana*> "Hinner vi med det då? Jag menar innan världen helt bryter samman.

<*Jan*> "Vi försöker. Du vet att det går undan i svängarna när jag har mycket på hjärtat. Världen blir nog kvar ett bra tag till, men det är läsarna det gäller. De blir också kvar, jag skriker till när det är fara å färde. Så lyssna bara på din gamla vän som talar genom dina öron."

<*Mariana*> "Jag håller på med en barnbok om Agartha nu."

<*Jan*> "Den kan väl vänta ett tag. Jag vet inte hur länge jag får stanna på den här våglängden, så jag vill börja NU. Och kära Mariana, vi har faktiskt redan börjat!"

Som vanligt kallades jag, Jan, in till min käre vän Melchizedek. När det var räknat i jordetid kan jag inte säga, för den tid som inte finns kan inte beräknas i andra världar. Vi får nöja oss med att jag satt i min egen trivsamma trädgård, i min egen trivsamma länstol och tog mig en i mitt tycke välförtjänt trivsam liten tupplur. Jag njöt av sfärernas musik som skälvde i den stilla, balsamiska luften och av lugnet och ron i den omgivning som jag själv skapat och kallar för "hemma." Men när plikten kallar blir det trummor och trumpeter och dunder och brak. Det var den annars mjuka, lågmälda och tillgivna anden Lydia som kom tillsammans med några barnänglar som dundrade på diverse instrument, antagligen för att reta mig.

Lydia, som bara blev vackrare för var gång jag såg henne, tog båda mina händer och drog upp mig och sa:

"Jan, vi ska ut på nya äventyr tillsammans. Melchizedek informerar oss, så vi måste skynda till honom. Som du vet är det bråttom i andevärlden!"

Det sista följdes av ett glittrande skratt medan hon vinkade åt barnänglarna att ge sig iväg. Inom loppet av en sekund stod vi mitt emot den store Mästaren Melchizedek. Han omfamnade oss och tecknade åt oss att sitta ner mitt emot honom.

"Välkomna, mina kära äventyrare!" sa han. vänligt. "Jag har något som lämpar sig bäst för er två att utföra. Det är ett uppdrag på en sällsam plats och som inte finns med på människornas kartor av Jorden. Jag tänker skicka er två till Agartha, Jordens inre värld, som i högsta grad existerar både på fysisk och ofysisk nivå. Jag behöver er hjälp på båda nivåerna, alltså måste ni kunna skifta kropp snabbt från fysisk till ofysisk. Det innebär också besök både på Sirius B och Plejaderna. Rädsla eller motstånd är inte tillåtet, men det är det onödigt att säga när det gäller er två. Resan börjar omedelbart, efter att ni informerats om uppdragets karaktär och ändamål."

Varför skulle vi protestera? Uppdraget verkade vara skräddarsytt för oss. Vi var båda stolta. över att få medverka i någonting sådant. Med glädje och spänning tog vi emot uppdragets ord och mening. Och nu ska mina kära läsare få följa med oss både inuti Jorden och ut i rymden! Välkomna!

2. Välkommen till Agartha!

"Nog har jag vetat att Agartha existerar men aldrig funderat närmare på det", sa jag till Lydia när vi hade fått all den information och undervisning vi behövde. Vi tog varandras händer och ställde oss i min vackra trädgård, där fågelkvittret var nästan öronbedövande. Vi hade bestämt oss för att börja med Agartha och till Agartha kom vi.

Det är alltid fråga om ögonblick, bokstavligen, när vi ska förflytta oss hur långt som helst. Vi blundar - och så tittar vi upp! Ungefär så är det. Men det kallar läsaren säkert för trolleri, så flykten av ett ögonblick kan jag inte redogöra i detalj för. Lydia stod framför mig i sin ljusblå, hellånga tunna klänning, med ett hårband i blått och silver och vackra, glitterslipade smycken, precis som ögonblicket innan. Även jag såg säkert likadan ut i min vita, korta tunika med guldbälte och smala vita byxor, det läste jag i hennes leende ögon. Men omgivningen var helt ny.

Vi stod på en kulle eller ett litet berg. Omedelbart nedanför oss låg en liten by, inbäddad i en massa träd. Husen var runda och ovanliga till strukturen och de glänste av ädelstenar precis som den smala gångstig som slingrade sig mellan dem. Lite längre bort skymtade vi solglittrande vatten och kände båda en behaglig solvärme i hela kroppen.

Tydligen hade vi kroppar och tydligen var det här en bit av Agartha.

"Det här kan inte vara huvudstaden i Agartha", funderade Lydia, som var historiker. "Det är säkert en by i utkanten av Telos, den stad som ligger närmast jordytan. Det är dit människorna från ovansidan kommer ifall de hamnar här. Det finns många nedgångar hit, fick vi ju lära oss. Jag tror detta är nära den stora ingången på Mount Shasta, för det liknar vår natur. Titta på träden och på sjön som glittrar där borta."

"Kanske inte husen men naturen, så när som på ädelstenarna, ser ut som på jordytan", medgav jag. "Vi använder inte ädelstenar så frikostigt."

"Här finns de i legio", sa mitt allvetande sällskap och

smålog. "Bergen är överfulla med dem. Ska vi röra på oss, slöfock? Vi är inte här för att bara stå och glo. Titta, här är en trappa, så det är nog fler som brukar gå här."

Det fanns en trappa och till och med ledstång. Trappan såg ut att vara huggen direkt ur berget och det växte täta buskage på båda sidor hela vägen ner. En del buskar bar blommor, andra bär. Vi tassade ner och insöp den behagliga sommardoften av växtlighet och stilla skönhetsupplevelse.

Väl nere stod vi på vad som liknade en ganska stor altan av marmor, med direkt utgång till byn. Den gick endast åt ett håll, så det var bara att kliva på. Vi såg inga människor men hus, som verkade högre än de gjort uppifrån. Det besynnerliga var att formen var rund, men de hade inga tak. Lydia sträckte ut armarna och dansade runt. Hon gnolade en glad melodi och ryckte mig med sig i dansen. Altanen eller terrassen hade slätt marmorgolv som lämpade sig bra för att dansa på. Men vi avbröts av en klar stämma:

"Vad håller ni på med? Det är inte dansdags och vi ska inte vara här och dansa. Vilka är ni? Har ni kommit från berget?"

Vi stannade tvärt. Rösten tillhörde en ung flicka, nästan ett barn, kanske i 12-årsåldern. Hon var lång och smal med nästan vitt, lockigt hår som blåste omkring i en lätt sommarbris. Ansiktet var vackert. Hon log och visade en rad pärlvita tänder. Hon var klädd i en rosafärgad, vid kjol och en skimrande blus i samma färg. Hon talade ett språk som vi förstod, men så brukade det ju vara på våra utflykter.

"Förlåt om vi gör intrång på förbjuden mark", sa jag och bugade artigt. "Vi kommer från ett främmande land i en annan dimension och vill bara se oss omkring."

"Vi har hört så mycket om ert vackra land, så vi blev nyfikna och kom nyss hit", skyndade sig Lydia att tillägga. "Vi tycker om att dansa. När jag ser något vackert vill jag sjunga och dansa."

"Det låter som om ni tillhörde oss", skrattade flickan. "Jag heter Nelsea. Jag bor där!" Hon pekade på det närmaste huset. "Följ med mig in och hälsa på far och mor. Ni kanske är hungriga om ni har rest så långt."

När hon nämnde ordet "hungriga", kände jag både hunger och törst. Det betydde att vi hade fått människokroppar nu och att det var människor vi inbjöds till. Melchizedek visste nog vart han hade skickat oss. Lydia blinkade åt mig. Hon var alltså med på noterna och vi följde efter flickan som gick på ett märkligt, svävande sätt den korta vägen till det närmsta huset.

"Men så tätt ni trampar på gruset!" utropade Nelsea när hon vände sig om. "Det får vi inte göra här, så jag förstår att ni är främlingar: Tur att det var så kort väg!"

Vi var framme vid byggnaden och ytterdörren stod öppen. Det föreföll vara en vanlig dörr av något ljust, genomskinligt material, men jag hann inte kolla ordentligt förrän vi var inne i det häpnadsväckande huset. Det fanns ingen hall eller något kapprum. Allt var bara ett stort rum, ett enormt, runt rum, mycket högt i tak eftersom tak saknades. Det runda rummet var utan innerväggar men på ett par ställen avgränsat av skärmar. Nelsea tog oss direkt till en del där det fanns en bekväm soffgrupp, även den i obeskrivbart material. Där satt två personer, förmodligen Nelseas föräldrar. De reste sig på en gång när vi kom. Flickan verkade mer flyga än stiga fram till dem.

"Jag hittade de här två på platån", förklarade hon. "De kommer från ovanjorden och från en annan planet. Från rymden kanske."

Jag granskade paret när vi hälsade på dem med varma leenden, som genast besvarades. Kvinnan höll om Lydia och mannen omfamnade mig välkomnande. Han kändes fast och stadig i hullet, som en vanlig människa.

"Välkomna till Agartha och till staden Telos under Mount Shasta!" sa han. "Vi är vana vid besök, för vi bor så nära Jordens yta. Jag heter Boron och min hustru Tulli."

Båda två var väldigt långa, mannen säkert mer än två meter, kvinnan något mindre. Kvinnan var ljusblond, med långt, tjockt rakt hår i en bred fläta längs hela ryggen, mannen var ljust brunlockig och de såg båda mycket unga ut - alltför unga för en tolvårig dotter. Deras kläder var enkla, raka och skjortliknande, men båda bar mycket vackra smycken. De bad oss sitta ner i en av de mjuka, grönskimrande sofforna.

"Pilgrimen!" utbrast fru Tulli och stirrade på mig. "Tänk om han som kallar sig Jan är Pilgrimen!"

"I så fall skulle han inte ha kvinnligt sällskap", lugnade

henne maken. "Jag har aldrig hört talas om annat än att Pilgrimen är ensam. Han lär visst ha en hund med sig. Hustru, vi har fått rymdbesök i Jordens inre. Det ska vi vara glada och tacksamma för och inte tillskriva Pilgrimen. Han har visserligen bara gjort gott hitintills, men man vet ju aldrig..."

"Och vem är Pilgrimen om jag får fråga?" Jag ställde den frågan och jag kände att den var viktig. Paret tittade på varandra medan Nelsea kröp ihop i sin fåtölj. Till slut svarade Boron.

"Pilgrimen kallar han sig och vi vet inget annat namn. Han vandrar omkring i hela Agartha och börjar bli känd av envar. Han är inte någon ond person, han är mycket vis och god, men han stannar aldrig på samma plats mer än korta stunder. Han har botat många som har behövt hjälp, för trots att vi varken har farsoter eller sjukdomar kan olyckor ske, precis som däruppe." Han pekade upp mot hålet där taket rätteligen borde befinna sig. "Han förklarar för den som inte förstår, han berättar för den som inte vet. Han finns plötsligt där han mest behövs, och många har sett honom vandra på våra gator där han inte berört marken med fötterna. Men vi är förstås nyfikna på vem han egentligen är."

"Dök han bara upp här en dag?" frågade Lydia. Tulli svarade:

"Ja. Det var precis vad han gjorde. Ett barn hade ramlat utför ett stup under vild lek. Den lilla låg nedanför den branta sluttningen och rörde sig inte. Hon blödde från ett otäckt sår i huvudet. Plötsligt var han där, Pilgrimen. Han vidrörde barnet och blödningen upphörde. Efter en kort stund kunde flickan resa sig och gå omkring. Pilgrimen var försvunnen när vi skulle tacka honom. Sådana saker har hänt på fler ställen."

"Det låter som en mycket god man", påpekade jag. "Det kan vara en Mästare som förklädd vandrar omkring och gör gott.

"Eller en spion som gör gott medan han egentligen spionerar på oss", invände Nelsea. Pappan sträckte upp ett varnande pekfinger.

"Här tänker vi gott om alla", sa han allvarligt, "ända tills vi kan bevisa motsatsen. Men ni har ännu inte sett er om i vårt vackra land och jag ska gärna visa er runt. När vi har ätit ska jag bli er guide om ni inte har något emot det."

Både Lydia och jag tog tacksamt emot förslaget. Fru Tulli

bjöd på en delikat grönsaksrätt och hembakat bröd (var bakade de någonstans?). Vi hade inget bagage eftersom vi kunde konsten att precipitera, dvs. skaffa fram det vi önskade genom våra tankar. Nelsea bad att få följa med oss och så kom det sig att vi efter måltiden tillsammans klev upp i en av Agarthas välkända farkoster, som liknade en öppen bil utan hjul. Den kallades för svävare. Och den svävade bra!

3. Med svävare till Porthologos

Att sväva på änglavingar är jag van vid, men det här var något nytt. Det liknade varken flyg eller helikopter, möjligen en ballongresa nära marken. Där satt vi i en låda med sex smala, stoppade säten i rad, två och två efter varandra. Ovanför oss fanns ett hopfällbart tak som användes vid dåligt väder, fast vädret för det mesta är bra på den här breddgraden. Idag sken solen för fullt och det lugna safirblå vattnet under oss glittrade som om det var besatt med miljarder diamanter. Svävaren gled ibland tätt över vattenytan, ibland skuttade den upp för en plötslig vågkam som störde den stilla ytan.

Sjön vi svävade över var inte stor, åtminstone gick det att se land i alla riktningar, och snart befann vi oss rätt över en riktig berg- och dalbana till strand. Dynerna gick upp och ner så vårt fordon höll sig ett par meter ovanför dem. Snäckor och smådjur rörde sig som i ett mönster i sanden. Men när jag höjde blicken så fanns vanlig hederlig skog framför oss och det verkade som om havslandskapet höll på att ta slut.

Det var bra det, för jag är en hopplös landkrabba, har aldrig förstått mig riktigt på sjön. Det kanske var min uppväxt som statarpojke i den senaste människoinkarnationen som hade åstadkommit detta. På bondlandet, bland kossor och får och hästar, kände jag mig hemma. Jag älskade stalldoften och den friska fläkten av ängsmarker med skörden full av infiltrerad blåklint och vallmo. Kort sagt, bonddrängen Janne fanns kvar i mig ännu, vankande omkring på gården i stadiga trätofflor, likt tomtarna som mor brukade berätta om. Boron, som satt bakom mig, böjde sig fram och klappade mig lätt på axeln.

"Vi är på väg till vårt storartade bibliotek, som finns kilometervis under den jord du ser här. Det heter Porthologos och är vida känt för att innehålla all kunskap som finns."

Jag teg. Det där lät lite skrytsamt, men Lydia kvittrade genast en massa frågor:

"Hur ser det ut? Finns världens alla böcker där på alla språk, indianernas också? Engelska, svenska? Finns där ordböcker på alla språk och kan man låna böcker precis som på ovanjorden?"

"Vi brukar inte låna ut böcker som ni gör", smålog Boron. "Helt enkelt för att böcker inte innebär samma sak här som hos er. Även om det finns böcker också så står de inte framme på hyllor, de kan bara komma fram på begäran. Biblioteket undervisar på annat sätt. Ni får strax se."

Svävaren hade saktat in farten och höll på att landa. Det gjorde den mjukt och elegant, bara som att ställa ner ett ömtåligt föremål på ett bord. Vi befann oss plötsligt i en dunge med höga, rikt blommande träd och framför oss låg ett berg. Åtminstone liknade det ett berg, även om det glittrade till här och där av ädelstenar. Det fanns en port i berget och Boron tecknade åt oss att kliva ur svävaren och följa med honom. Porten såg ut att vara gjord av liggande trädstammar, så den smälte in med den övriga skogen. Den kunde inte vara så tung, för Nelsea sprang fram till den och då öppnade den sig automatiskt. Förmodligen tryckte hon på en knapp någonstans, tänkte jag.

Jag tog Lydias hand och gick fram till porten. Boron hade gått före oss nerför en stentrappa som ledde till en hall med flera dörrar. Vi följde efter och jag hörde Nelseas högljudda fnissningar bakom oss. Blev vi ledda rakt in i en fälla? tänkte. jag. Det var nog en förbjuden tanke här.

"Ni är väl inte rädda?" utropade Baron med ett skratt och öppnade en dörr. "Jag försäkrar er att det här är ett riktigt trevligt ställe. Likt det ni kallar bio, faktiskt."

"Du vet en hel del om ovanjorden", utbrast jag.

"Jag har besökt den några gånger", var svaret. "Men jag vet att ni två inte är därifrån. Jag undrar vilken planet ni kommer ifrån?"

"Vi kommer faktiskt från en annan dimension." Det var Lydia som svarade. "Men vi har båda levt liv på Jorden innan vi kom dit. Nu ska vi tillsammans upptäcka nya platser som jordemänniskorna borde känna till. De vill inte erkänna Agartha och de förnekar allt liv i universum, förutom deras egen jord. Den uppfattningen är vår uppgift att förändra. Kan du hjälpa oss?"

"Jag kan visa er runt här och på fler platser i närheten av Telos. Men Agartha har olika zoner, där det vistas både tredimensionella och femdimensionella varelser. Vi är tredimensionella än så länge och det har vi själva valt. Telos är liksom en bro till yttre Jorden och innehåller en väldig blandning av människoliknande varelser. De flesta är förstås agarthaner, födda och uppväxta här. Men vi vet nog mer om världsrymden än ni. Stig in här så förstår ni bättre."

Han visade med handen mot den öppna dörren och vi klev in och blev stående framför en slags amfiteater. Boron fortsatte sin visning.

"Det här är en historiebok! förklarade han. "Är det något särskilt ni vill ha reda på?"

"O ja!" Historikern Lydia hoppade av förtjusning. Boron ledde oss ner till "första parkett" framför den stora scenen. "Jag har alltid undrat hur Cleopatras första möte med Antonius gick till. Det var ju ett fantastiskt kärlekspar!"

Jag gnäggade lågt, det var så typiskt Lydia! Kärlek skulle det vara, den skulle hon ha bekräftad. Men jag hann inte tänka tanken till slut förrän den stora scenen framför oss fylldes av skvalpande vågor, susande vind, strålande sol, vattenglitter och sång och musik. En magnifik slup kom sakta glidande, precis en sådan båt som jag sett avbildad i historieböcker. Det gnistrade av gyllene draperier, och svällande röda kuddar hyste en nästan inbäddad skönhet utsträckt på ett behagfullt sätt. Det var förstås Cleopatra, tänkte jag. Hon hade inte mycket på sig, men hennes glänsande långa svarta hår var uppsatt i en magnifik frisyr med pärlband och guldband och allt sådant som en stackars karl inte kan beskriva nuförtiden.

Klänningen var till min förtjusning veckad, men genomskinlig. Lydia ryckte mig i skjortärmen och viskade: "Titta inte!" Men det gjorde jag förstås.

En annan slup närmade sig från det andra hållet. Den såg mer krigisk ut och åtföljdes av en massa båtar. I fören på den stod en atletisk man, det måste vara Antonius. Han såg väldigt bra ut, tänkte jag, med mörkbrunt hår till axlarna och en gyllene cape nonchalant slängd över axlarna. Hans drag var regelbundna, näsan rak men kraftig och ögonen mörkbruna - ungefär som man tänker sig honom. De två sluparna möttes tätt intill varandra. Antonius hoppade över till skönheten och föll på knä framför henne - hon var ju en drottning.

Lika snabbt som bilden kommit med till synes levande

människor som på en teater, lika fort gick den upp i rök.

"Det är holografiska bilder", förklarade Boron. "Så långt har ni inte kommit ännu, men här har de funnits i flera hundra år."

"Så ni ligger efter", fnissade Nelsea. Fadern gav henne en varnande blick.

"Ni kan se vilken bild ni vill ur historien", fortsatte han. "Jag ville visa er hur vi lär ut den. Barnen och ungdomarna får också holografisk undervisning, men då finns historieberättare med i bilden."

"Det tycks vara roligt att gå i skolan här", suckade Lydia. "När jag tänker på vår tradiga undervisning på Jorden, den och historieböcker som vimlar av årtal, åtminstone var det så på min tid."

"Vi ska vidare." Boron hade rest sig och gick uppför samma trappa som vi gått ner för. Vi följde honom - dvs. Nelsea hoppade och skuttade som en ung hjort.

När vi kom upp till samma hall som förut, öppnade den glada tösen en annan dörr. Den ledde ut till en trädgård. Där fanns bord och stolar och Boron bad oss sitta ner.

"Ni har sett hur undervisning går till här", sa han. "När det gäller zoologi så har vi ett magnifikt zoo, som innehåller alla djur, även de farliga."

"Har ni drakar?" avbröt Lydia med lysande ögon och jag instämde. Det var en spännande fråga.

"Naturligtvis," svarade Boron oberört. "Vi har drakar både på zoo och i vårt landskap. När de jagades till döds på yttre Jorden så flydde de hit. Vi utbildade präglare och drakryttare och de finns fortfarande här. Det är populärt på ovanjorden att skriva om drakar. Vi har faktiskt sysslat en hel del med att inspirera författarna så att det blir rätt."

"Finns det både onda och goda drakar?" frågade jag. "Precis som det finns goda och onda människor?" Boron skakade på huvudet.

"Ondska får inte finnas här", svarade han. "Varken hos djur eller människor. Visst kan vi skämta och retas och raljera, men det sker endast på ett godmodigt sätt. Ungdomar har blivit lite frispråkigare på senaste tiden." Han tittade strängt på sin dotter, men hon fnittrade bara.

"Egentligen behöver ni inte se så mycket mera av

Porthologos", tillade han. "Det finns annat som jag vill visa er. Porthologos bibliotek är oändligt och det arbetar endast efter levande mönster. Antingen är det holografiska bilder eller också verklighet - dvs. från er sida sett. Vi ser annorlunda på det. Men eftersom ni kommer från en annan dimension kanske ni förstår oss bättre?"

Både Lydia och jag nickade eftertryckligt. Vi följde Boron och hans glatt skuttande dotter ut från trädgården, uppför trappor och genom en port. Vips stod vi i skogen och svävaren väntade på oss.

"Vår egen Bentley!" suckade Lydia och satte sig bekvämt tillrätta i farkosten. "Undrar vart den nu ska föra oss!"

4. Templet - en ädelsten i maxiformat

Vi svävade högt nu, ovanför trädtopparna. Solen lyste lika klar och varm, men den var inte het. Jag började känna en mänsklig sugning i magen och dessutom var jag törstig, Jag sneglade på Lydia. Hon pekade på sin mage och sin mun och jag förstod att hennes mänsklighet också visade sin fysiska sida. Boron vände sig om och smålog.

"Ni är hungriga och törstiga!" utropade han. "Det kan vi råda bot för."

Svävaren dök neråt som det verkade, rätt in i skogen. Men vi landade den här gången med en smäll, eftersom farten varit ganska hög. Det såg ut att vara en skogsdunge, men marken var slät och vi travade tacksamt ut från vår hoppiga farkost.

"Ber om ursäkt, jag skötte inte landningen så bra", skrattade Boron. "Nelsea busade lite, men här finns stolar och bord och strax ska ni få både mat och dryck."

Mitt i skogsdungen stod faktiskt ett mysigt bord som verkade vara gjort av tjocka grenar som inte ens var avhyvlade. Stolarna bestod av två stadiga bänkar av samma material.

"Sådana här cafeterior har ni väl aldrig sett förut!" skrattade Boron när vi slog oss ner. Han yttrade ett par ord (tror jag) och plötsligt stod ett rejält fat, också det av trä, på bordet. En lockande trave smörgåsar (men inga skinkmackor) fyllde fatet och Boron bad oss hugga in på födan. Bägare av trä stod plötsligt framför oss och de var fyllda med en ljuvlig dryck som jag senare fick veta var agarthanskt öl. Små agarthanska kakor avslutade måltiden. De var fyllda med någon gräddaktig, utsökt smet.

Sedan var det bara att åter kliva upp i Bentley-farkosten. "Jag har inte sett några kor!" sa Lydia när vi åter for upp i luften. "Varifrån får ni grädden i de goda kakorna?"

Far och dotter tittade på varandra. Som vanligt började Nelsea fnissa allt ljudligare. Till slut tjöt flickan av skratt. Det gjorde inte Boron. Men han smålog nästan muntert när han svarade:

"Vi anser att ni håller kreaturen i fångenskap. Ni utnyttjar den också och stjäl dess mjölk från avkomman. Det finns nötkreatur här. Alla sorter som ni har däruppe, men de är våra personliga vänner och strövar fritt i betesmarkerna. Tanken på att dricka eller använda deras mjölk är otänkbar för oss, ja komisk! Saven i vissa plantor liknar mjölk och är sötaktig och mycket välsmakande. Den går att vispa till gräddtjocklek. Så enkelt är det."

"Så enkelt borde det vara för oss också." Jag kände stor lättnad över den skyddade boskapen. Jag, som hade skött om kossera därhemma och både mjölkat och spolat av och ryktat dem, hade aldrig gillat mjölk, möjligen i form av vispgrädde. Att få den från en planta borde introduceras på Jorden. Häpnadsväckande saker öppnade sig för oss. Vad skulle nästa överraskning bli? Det fick jag snart veta.

Efter den matnyttiga pausen satt vi åter i vår lyxbil utan hjul och rullade upp i luften på nolltid. Och vi landade ganska snart efter en färd genom ulliga moln. Boron förklarade att molnen ibland färdades ganska nära marken, särskilt på höjder. Det var därför vanligt att svävarna måste köra rätt igenom den ulliga dunkudde som ett moln utgör. Det var inte farligt, ungefär som att gå ut i tät dimma, men det fanns ingen radar inuti molnet, så svävaren måste gå på frikoppling (om det nu hade någon koppling alls).

Vi kom i alla fall ut ur dunkudden ganska snart och dök in i nästa. Så höll det på en bra stund, men till slut seglade vi ner från trädtopparnas molnslöja och började dyka mot marken, En rasande vacker byggnad skuggade vår farkost, men skuggan lättades upp av strålningen från alla ädelstenar.

"Så skulle ett tempel se ut om jag fick bestämma!" utropade jag förtjust och Lydia grep tag i min arm för att få stöd när hon tittade upp mot den gnistrande takkupolen. Det var som om en fantastisk ädelsten i maxstorlek låg framför våra häpna blickar.

"Den här typen av byggnad finns inte någonstans i historien", viskade hon och torkade bort några tårar av förtjusning som stal sig nerför hennes bleka, mjuka kind. "Den var det vackraste jag har sett. Törs vi gå in eller tror du vi blir besvikna då?"

Det trodde jag inte, så vi gick in. Eftersom kyrkor eller katedraler inte skulle finnas i Agartha så undrade jag verkligen vad den här byggnaden bar på för hemlighet. Den var lika vacker inuti som utanpå, full av vackra målningar och glasarbeten. Där fanns inte långa bänkar och ett altare som i våra kyrkor, men soffgrupper var utplacerade över hela den sal som glimmande och glittrande mötte våra ögon. En del soffgrupper var upptagna av en eller flera människor som verkade fördjupade i bön och meditation. Lågor som kom från något som liknade stearinljus fladdrade sakta i draget när vi passerade förbi.

Något altare kunde jag inte se, hela salen var som ett altare. Plötsligt hördes svag musik. Jag vet inte vad det var för musik eller varifrån den kom, men den gick direkt in i hjärtat och vidrörde alla känslosträngar. Vi orkade inte stå och lyssna så vi satte oss i en soffgrupp i mitten av salen. Även Nelsea var tyst, hon föreföll till och med vördnadsfull.

"Hit kommer särskilda, utvalda hjälpare", viskade Boron. "Man går hit när man behöver psykisk hjälp av något slag, eller har speciella frågor. Du ser hjälparna här, de har orange- eller indigofärgade mantlar. Nu kommer en till oss."

Det var en som det föreföll lite äldre man: lång, som alla var här, ljushårig och med ett behagligt, kärleksfullt uttryck i ansiktet. Han smålog vänligt.

"Välkomna, besökare från ovanjorden!" sa han med låg röst. "Jag heter Lionor. Har ni kommit som turister eller för att få hjälp?"

"Som en slags turister", svarade jag. "Och vi är inte från ovanjorden utan från en annan dimension. Vi har hälsningar!" Jag uttalade ett ord som Melchizedek skickat med mig och som skulle öppna dörrar för oss. Det tog skruv, för hjälparen bugade sig till golvet.

"Vad önskar ni veta om Agartha?" frågade han.

"Har ni en enda religion eller finns samma religioner här nere som på yttre Jorden?" frågade jag.

"Ja, vad tror ni på?" undrade Lydia instämmande.

"För alla som lever i Agartha finns bara en enda tro", svarade Lionor. "Det finns bara en gud, Urkällan till allt levande på hela planeten. Det är ett Kärleksväsen, Urkärleken brukar vi säga. Den gäller inte bara människorna utan också djuren. Den som inte vill acceptera kärlekens lagar har inte rätt att vistas här utan förs omedelbart antingen ovan jord eller till en annan planet, där hans/hennes trosinriktning passar in. Det kan alltså aldrig bli religionsstrider människor emellan här som på yttre Jorden. Här lever vi i evig fred och sänder ut kärlek i alla dimensioner."

"Så underbart!" suckade Lydia. "Jordemänniskorna skulle behöva lära sig av er."

"Javisst", log Lionor. "Det är just precis vad som kommer att ske när Jorden genomgår sin förvandling inom kort."

"Ni vet alltså att Jorden befinner sig i ett svårt dilemma?" Det var en retorisk fråga, men Lionor svarade ändå.

"Vi vet allt om det som sker på Jorden. Det är fruktansvärda saker och vi gläder oss åt att avslöja att vi finns och att vi vill hjälpa jordemänniskorna. Det kan vi nämligen. När den stora förändringen drabbar Jorden är vi med och hjälper till. De som inte accepterar oss eller lyssnar på oss får själva välja sitt öde, och då är ett av valen att flytta till en planet där deras åsikter blir accepterade."

"Nu tycker jag att ni har pratat länge nog om framtiden", avbröt Baron, "Vi ska fortsätta vår upptäcktsresa i solskenet, om du inte misstycker, Lionor. Vi kan komma tillbaka senare om mina gäster så önskar."

Lionor bugade åter mycket djupt och förblev i sin bugning tills vi lämnat salen.

5. En intressant bekantskap

Vi vände oss om när vi kom ut ur porten för att än en gång njuta av det arkitektoniska underverket framför våra ögon. När vi högljutt uttalat vår beundran hörde vi en röst som sa:

"Var hälsade, Lydia och Jan!"

Vår svävare var parkerad nära templet. Bredvid svävaren stod en man och en hund. Mannen var iklädd en naturvit kåpa med ett gyllene bälte kring midjan. Från bältet hängde en hel del föremål, alla i guld. Han kunde vara i medelåldern, håret var nästan vitt men ansiktet ungt och skarpskuret. Han hade starkt lysande djupblå ögon. Hunden liknade mest en golden retriever. Den var nästan helt vithårig och hade ett brett halsband av guld.

Vi hälsade något överrumplade på nykomlingen. Boron såg ut som om han tänkte presentera mannen utan att riktigt veta vem det var. Det var Lydia som bröt ögonblickets tystnad.

"Är det du som är Pilgrimen?" frågade hon. "Och vad heter din vackra hund?"

"Hunden heter Lissa och jag kallas för Pilgrimen, ingenting annat", svarade mannen småleende. "Jag har fått meddelande om att ni kommit till Agartha och jag ville önska er välkomna. Här finns mycket att upptäcka och mycket för människor att lära sig. Ni kommer från en annan dimension och har tillfälligt påtagit er fysisk gestalt, och ni vill veta så mycket ni kan om Agartha. Jag vill med glädje visa er runt, om ni inte har andra planer."

"Jag är deras ciceron just nu", sa Boron. "Jag avbryter gärna detta och återvänder hem. Ni ska veta, Jan och Lydia, att ni är välkomna tillbaka till oss närhelst ni önskar."

Lydia flög honom om halsen och Nelsea fladdrade in i svävaren som en stor rosafärgad fjäril. På ett ögonblick var hon och fadern försvunna. Vi stod utanför världens vackraste tempel tillsammans med en märklig Pilgrim och en lika märklig hund.

"Det är våra vänner, Lissa", sa mannen. "Hälsa!" Hunden gick fram först till Lydia, sedan till mig, böjde huvudet och lyfte höger tass. Sen gick den tillbaka till sin husses sida. Han vinkade åt oss att stå stilla och visslade i en liten pipa. En svävare svävade fram från skogen intill. Den var guldfärgad med guldglittrande tak.

"Jag vandrar mest", sa han, "men när jag har gäster använder vi den här. Sätt er där så ska vi fara till en intressant plats."

Vi hoppade upp i farkosten utan att säga ett ord. Det kändes som en dröm i en dröm. Pilgrimen smålog hela tiden vänligt mot oss och svävaren svävade mjukt och behagligt upp i luften.

"Jag kunde ha förflyttat oss på ett annat sätt", fortsatte Pilgrimen. "Men då hade ni inte fått erfara det agarthanska landskapet, som visserligen just här liknar det nordiska jordiska. Men det är mycket omväxlande och all den växtlighet som fanns på Jorden från tidernas början finns här. Därför får man inte plocka eller riva loss några växter. För oss är de alla vad ni kallar för 'rara'."

"Men då är det konstigt att det inte är alldeles igenvuxet här", påpekade jag förvånad. "Hela er natur borde vara ett stort buskage med ett vildvuxet virrvarr av växter."

Pilgrimen smålog.

"Naturen reglerar sig själv", svarade han vänligt. "Pan finns inte bara i naturen på ovanjorden, utan också här. Med honom följer alla naturens väsen. Där har vi våra trädgårdsmästare. Så vi bekymrar oss inte. För oss är allt levande beskyddat och väl vårdat."

"Men vad gör ni med delfinerna?" Jag kom plötsligt ihåg vad jag hört om delfinerna i Jordens hav. Det är fruktansvärda saker som jag helst inte vill ta upp i den här boken. För den som vill veta mer finns det upplysning att hämta på nätet. Massmassaker och djurplågeri och en ondska som övergår vårt förstånd gör mig djupt bedrövad. Därför frågade jag om delfinerna.

"Vi älskar och vördar våra delfiner", svarade Pilgrimen. "De är visare än människorna. Om något händer dem finns vi på plats för att hjälpa. Det kan hända naturliga missöden, men dem är vi vana att tampas med och vi har fantastiska naturliga botemedel. Tyvärr kan vi inte göra något för dem som lever på ovanjorden, mer än hela dem när de kommer hit. En del såras inte värre än att de kan återvända ut i havet och dem tar vi hand om."

Svävaren sänkte sig över en långsträckt sandstrand. Vi steg ur. Vi såg delfiner som simmade ända upp på sanden och människor samlades omkring dem. Barnen kelade med de stora fiskdjuren och det såg ut som om delfinerna smekte dem tillbaka. Människor matade dem med småfisk. Det var en förtjusande, kärleksfull bild som jag önskade att jag kunde se på ovanjorden också. Pilgrimen lät höra ett lågmält skratt.

"Nå Jan, är du övertygad nu? Här är kärleken till djuren bland det första ett barn får lära sig. Jag har en hund, min älskade Lissa, för att de flesta av oss här har ett keldjur. De kan lära oss så mycket."

"Men du är väl inte härifrån?" invände jag.

"Vad spelar det för roll?" var svaret. "Jag spelar med vart än jag kommer när det är frågan om kärlek."

"Jag med!" utropade Lydia som satt i sanden med hunden Lissas stora huvud i sitt knä. "Vi har ett så trevligt samtal och jag får veta mycket av din hund, Pilgrim!"

"Jag har tagit er hit för att visa er någonting", sa vår nye ciceron och Lissa sprang omedelbart till hans sida. Det var som om hon förstod allt vad han sa. Han vinkade åt oss att följa med och vi trippade så lätt vi kunde på den våta, packade sanden. Det var som hemma, tänkte jag, men fick snart erfara att det var mycket annorlunda.

Vi passerade flera familjer som lekte och gymnastiserade på den breda strandremsan - och så plötsligt blev det tyst. Inte en människa mer såg vi, det var som om vi gick in i ett vakuum utan väggar och med havets vågor sakta skvalpande på ena sidan. Pilgrimen och Lissa travade på, det var bara att följa efter för vi kom ingen annanstans än rakt fram efter dem. I mitt stilla sinne kallade jag det för en havstunnel, eftersom jag tycker om att namnge allt.

Plötsligt stannade pilgrimen och hans hund. Framför oss lyste en hög port. Jag säger lyste, för det var precis vad den gjorde. Den var som allt annat ett mästerverk av ädelstenar i ljusa färger.

"Pärleporten!" viskade jag högtidligt till Lydia. Hon skrattade till.

"Ånej du, vi har allt varit döa länge nu, så vi har ingenting att göra vid någon pärleport", viskade hon tillbaka, inte precis högtidligt. "Det är något vi ska få se därinne, tippar jag."

Hon hade rätt, som alltid. Pärleporten öppnade sig sakta och det gnisslade lite i låsen. Vi höll oss tätt efter vår ciceron, men Lissa valde att gå vid Lydias sida.

Vi hörde sången, först väldigt svagt, sedan, vartefter vi gick framåt, blev den allt starkare. Till slut ljöd den så mäktigt och så underbart vackert att vi stannade. Det närmaste jag kan likna den vid är soulmusik men i starkare och klarare form. Jag vill ju att mina läsare ska uppleva något av det som Lydia och jag erfor på våra märkliga resor. Det gör jag bäst genom att jämföra med jordelivet, eller hur? Den här musiken hade en överjordisk klang som är svår att förmedla, men vissa operor har lyckats fånga in liknande toner, t.ex. Aida eller en del av Sköna Helena eller Orfeus i underjorden, m. fl.

I Sverige och Stockholm vacklar man ut ur operahuset till smattrande regn på gatstenar eller trafikbruset på Strandvägen eller stickande vinterkyla och snöglopp. Här var uppvaknandet ur den musikaliska drömmen inte så bryskt. Vi hade sjunkit ner på stoppade stolar som var utplacerade överallt. Antingen hade vi somnat eller hamnat i någon slags dvala, som det kändes mjukt och skönt att vakna ur.

Pilgrimen stod lutad över mig och klappade mig lätt på axeln när de sista tonerna skälvde i luften som änglars andetag. Jag såg mig yrvaket omkring.

"Var är vi?" frågade jag och gnuggade ögonen.

"På det närmaste vi kan komma till er opera!" smålog Pilgrimen. "Vi kallar det för Pallatinen som i ert Rom. Det är musikens högborg i den här delen av Agartha. En del av det du hörde var sång. Vår sång låter mer som musik, inte sant? Men vi har olika sorter, vi också. Vi har visor och trallar, operetter och musikaler. Delfinernas sång fanns med i allt ni hörde, de är fantastiska sångare. Alla barn blir invaggade i musik från födseln. Därför finns inga omusikaliska människor här. Dessutom har vi alvernas bidrag till den musikaliska delen av Agartha. De uppträder gärna på Pallatinen, de också."

"Bor det alver här?" utropade Lydia och jag nästan samtidigt. Pilgrimen nickade med ett brett leende.

"Jag tänkte att vi skulle besöka dem också", nickade han.

Jag kikade runt i den stora konsertsalen, ännu trollbunden av musiken som fortfarande klingade svagt i våra öron. Insidan, likasåväl som utsidan, lyste av ädla stenar och underbart vackra målningar. De föreställde inga religiösa motiv, det var mest bilder av varelser som dansade och sjöng i grupper. Väggarna verkade levande, bilderna var inte kompakta, de utmärktes av en svag, mjuk rörelse.

"Allting här är rörelse. Skönhet och rörelse i skönhet. Musik i rörelse i skönhet. Det är gott för själen. Det ger glädje och insikt. Hit kommer många bara för att ge själen den näring som den så väl behöver och som saknas på ovanjorden. De har bilder däruppe också, en del vackra, men många utmärks av smutsig fantasi numera. Människorna - där ni också en gång levat - hänger sig åt det negativa, det som vi aldrig talar om här i inre Jorden. Så nära och ändå så olika."

Han tog fram en liknande visselpipa som Boron hade och blåste i den. Det dröjde inte många sekunder förrän en svävare infann sig och vi klättrade upp i den.

6. Från den gamla Borgen till Shamballa

"Mestadels vandrar jag som sagt omkring, men jag gör ett undantag i dag", sa Pilgrimen när farkosten höjde sig upp mot skyarna. "Vi ska färdas rätt långt och det går fortast så här, eftersom ni vill se lite av landskapet."

Svävaren sänkte sig återigen och vi for ett par meter över en blommande äng, som återigen påminde mig om barndomens yppiga ängsmarker. Jag hann inte se i detalj vad som växte där, men jag skymtade törnrosbuskar med stora rosafärgade blommor, större än våra brukar vara. Det var förresten ett kännetecken för det mesta i den här världsdelen. Prästkragar, vallmo, klöver och timotej föreföll ha vuxit ur sina kostymer och fått nya mått och färger. Däremot liknade skogarna våra skogar i Sverige, även om en del träd kunde vara sydlänningar.

Det fanns många vattendrag, både sjöar, floder, bäckar och åar. Det forsade och porlade överallt och djurlivet föreföll livligt. Jag skymtade flera hjortdjur, varg, lo och klumpiga björnar som smidigt tog sig fram i den kuperade terrängen. Jag såg inga djur anfalla andra djur men lagen om att äta eller ätas måste väl fungera här också, så jag frågade vår ciceron.

"Inget djur frossar här," svarade Pilgrimen. "Var och en tar för sig den nödvändiga födan, men dödande av det slag som pågår på ovanjorden förekommer inte. Människor blir inte anfallna så länge de inte själva anfaller och det är mycket ovanligt. Om det sker så är det ovanjordingar på villospår. Nu landar vi!"

Svävaren dök ganska bryskt ner i virrvarret av träd och buskar. Ett ögonblick kände jag mig lite rädd, men själva landningen blev trots den snabba dykningen både mjuk och behaglig. När jag vågade titta upp och märkte att Lydia gjorde likadant, blev jag lite överraskad.

Framför oss låg en sagans borg. Vi såg den på lite avstånd, eftersom den var kringgärdad av vatten, precis som man byggde borgar förr. Vi såg åtminstone två broar som ledde dit. Tinnar och torn i massor blänkte och skimrade med fönster, valv och bågar. Det var som en målning från 1200-talet.

"Ja, det är faktiskt en riktig borg", skrattade Pilgrimen när han såg vår bestörtning. "Den här borgen är mycket mycket gammal, långt före er tidräkning, och den har funnits på ovanjorden. Den hör till de tider när byggandet var en ädel konst och byggstenarna kostade fattiga bönders svett och blod. Den är enastående i sitt slag och när den började vittra sönder, under en mörk tid på Jorden, forslade vi hit den och byggde upp den på en plats i vårt rike, där vi kunde restaurera den och se till att den förblev i sitt goda skick. Vi har haft hjälp av drakar. Det finns fortfarande drakar omkring den och i dess närhet.

Inuti den har vi ett av människor aldrig upptäckt forskningscentrum, där våra förnämligaste uppfinningar och upptäckter utvecklas. Där är gott om plats, förstår ni. Många excellenta hjärnor har sin plats här, forskare som levat en tid på Jorden och sedan förflyttats hit."

"Som Darwin och Tesla"; föreslog jag. Pilgrimen nickade.

"Här har de lugn och ro och kan kommunicera med varandra om de vill. Det är en storartad park på andra sidan om borgen där de kan vandra och tänka och samtidigt åtnjuta förfriskningar och annat. Borgen är en oerhörd anläggning men jag kan tyvärr inte släppa in er där, trots att ni inte är jordemänniskor, Just nu pågår en organisering av olika hjälpinsatser som ska ta hand om jordemänniskor vid den stora förändringen som snart kommer att ske på yttre Jorden. Då måste alla människor lämna sina hem för en tid, eftersom Jorden ska renas och omstruktureras. De som inte vill bege sig därifrån får gå över på annat sätt."

"Du menar att de kommer att dö?" frågade Lydia.

"Ja", svarade Pilgrimen sorgset. "Det finns människor som det inte går att ändra på, och som hellre omkommer i kaos och katastrofer än flyttar hit eller till någon annan planet. En del kommer till våra skepp, där de tas emot med kärlek och glädje och får chansen att förbättra sina kroppar hälsomässigt. Det kommer att finnas helare och rådgivare i legio."

Vi vandrade runt en stund och tittade på Borgen ur alla

möjliga vinklar för att prägla in den i vårt minne. Vi såg de glänsande, fjälliga drakarna som då och då frustade ut ånga och glöd. Vi såg även att det kom människor inifrån som klättrade upp på drakarna och flög iväg.

"Det är drakryttare", förklarade Pilgrimen. "De präglas redan som barn att tillhöra en drake och flyga med den. Det är kanske ett dristigt företag, men många äventyrslystna ungdomar njuter oerhört av sina annorlunda luftfärder. Nu får jag be er stiga upp i svävaren som står där borta. Det blir ingen drakritt men är kanske spännande ändå."

Luften var lika ljum som förut och jag njöt av de lätta vindarna som strök över mitt ansikte när vi steg upp i luften. Svävaren flög inte så högt och snabbt längre. När vi lämnade Borgen och den blev allt mindre i fjärran kändes det som om vi hade varit på besök i en urgammal saga och jag njöt i fulla drag. Det gjorde Lydia också, där hon satt i farkosten med Lissas. huvud i sitt knä. Pilgrimen hade funnit sig i att hans hund hittat en kärleksfull "matte", han tittade på dem båda och smålog.

"Jag tänkte visa er hur det här landet styrs", berättade Pilgrimen. "Jag antar att det intresserar både er två och läsarna. Ni ska i alla fall få en hum om det, eftersom det är en modell av hur ovanjorden också borde styras och som vi hoppas realiseras så snart som möjligt. Alla era länder - och det är många - styrs olika. Till följd därav uppstår konflikter och krig. Här lever två olika dimensioner. I Telos, staden man kommer till direkt om man tar sig in hit via Mount Shasta, lever fortfarande många tredimensionella människovarelser. Det betyder att den till stor del är fysisk i era ögon."

"Vi är inte fysiska", protesterade jag. "Jag skriver via ett fysiskt medium, men Lydia och jag är ju från en helt annan dimension och får väl räknas till de femdimensionella. Vi har slutat räkna i dimensioner, det hör jordemänniskorna till. På Jorden är det fysiska det viktigaste, därför håller den också på att gå under. Fysiska rikedomar, broderade med hat, avundsjuka, svartsjuka och andra mörka egenskaper härskar och behärskar Jorden. Men snart blir det förändringar och Jorden kommer att återgå till sitt naturliga sköna, blomstrande tillstånd."

"Och nu ska vi verkligen glömma bort att den fysiska sidan finns, förutom i naturen", utropade Pilgrimen medan svävaren sänkte sig ner. Återigen landade den mitt i naturen, i ett landskap så fulländat skönt att både Lydia och jag häpnade.

Det finns sådana landskap på Jorden, i t.ex. Italien och på många andra platser. Men detta innehöll allt: den yppigaste växtlighet parad med vågornas glitter från ett litet vattenfall i en bred bäck, furors mörka sus i en bit svensk dalaskog, mångfärgade fåglar som kvittrande flög fram sin glädje över nejden och instämde i den sång och dans vi såg runt omkring oss. Detta måste vara naturväsendenas tillhåll, tänkte jag. Då såg jag dem! Naturväsen fanns överallt, de dansade och sjöng och spelade på sällsamma instrument. De var av olika storlekar men alla var mycket tunna, nästan genomskinliga. Ekorrar lekte bland trädstammarna och räv- och vargungar sprang babyklumpigt över den djupgrön mossan i skogsbrynet. Det är svårt att i detalj beskriva detta myller, denna rikedom av en givmild och överflödande natur.

"Du måste träffa naturens väsen innan vi fortsätter till de styrande", log Pilgrimen och föste oss mot en hög sten, helt överklädd med lysande smaragdgrön mossa, Stenen hade en manshög öppning på ena kortsidan. Runt den var figurer uthuggna och polerade. Det var olika djurhuvuden, men också fauner och människohuvuden med små horn. Vi hann inte ens titta färdigt förrän Pilgrimen vinkade till oss att följa efter honom och Lissa. Vi gick rakt in igenom stenporten.

Därinne vidgades öppningen till en jättesal och det myllrade av folk. Pilgrimen gick med båda händerna utsträckta, alla ville hälsa på honom. Ingen tog någon större notis om oss, så vi försökte fånga in så mycket vi kunde av stämningen, av inredningen och av alla invånarna. Det var inte lätt eftersom varelserna därinne skuffades och knuffades för att komma fram till vår vän. Jag har sett älvor, alver, dvärgar, tomtar och andra naturväsen många gånger förr på våra resor, men de här toppade alla föregående upplevelser. Det var som att komma in i en sagogrotta.

"Ni befinner er i ett område där det bor mycket naturväsen", ropade Pilgrimen som vänligt men bestämt skalade bort naturväsen lager efter lager på och omkring honom. "De gör sig oftast osynliga i naturen för att få arbeta i fred, men har man tur får man se dem där också. Jag ville visa hur de bor. Den här stenen är ett gott exempel på det, men just nu är den lite överbefolkad tror jag!"

Sakta drog vi oss baklänges och nu gjorde naturandarna plats för oss. Salen var enorm och vackert smyckad med både blommor och skickligt tillverkade föremål, de flesta av ädelstenar. Där fanns många bord med pallar runt ikring och belysningen kom från ett hål i taket, varifrån varma, ljusa strålar dansade i skimrande kaskader.

Pilgrimen och Lissa gick före oss ut ur stensalen. När vi kom ut till bäcken med vattenfallet dansade ljusa vattenandar mitt inne i fallet, yra och uppsluppna som vattnets egen lek. Vi skyndade till svävaren och var snart uppe i luften igen.

"Jag ville att ni skulle få en bild av naturens väsen som samarbetar med agarthanerna även i deras styrelse. Nu ställer vi kosan mot huvudstaden, som heter Shamballa", förkunnade Pilgrimen. "Om ni inte hade fått en glimt av naturandarnas vistelseort, hade det varit svårt att hänga med i diskussionerna hos styrelsen. Vi ska nu in i en helt femdimensionell zon, men det gör ju inte er något, för ni är egentligen redan där. Vi ska bara ändra lite på er struktur så ni kommer i ert naturliga tillstånd. Ni är för mycket fysiska och människoliknande nu."

Jag kände faktiskt av förändringen av våra kroppar och märkte att Lydia också reagerade. Vi blev båda lite förvirrade, det svirrade runt i våra huvuden och jag trodde att jag skulle svimma, men det gick väldigt snabbt över. När jag tittade på min hand så var den inte lika fast och senig som i fysiskt tillstånd, utan tunnare. Lydias vackra profil bredvid mig hade något overkligt över sig, ett ljust, mjukt skimmer. Vi var åter änglar!

Svävaren landade inte på marken den här gången. Den ställde sig mjukt och försiktigt på en balustrad eller kanske en del av ett tak. Det såg faktiskt ut som ett tak, även om sådana var ovanliga i det här landet. Det var ett kupoltak med en bred terrass runt omkring, med två meter högt till taket. Kupoltaket såg ut att vara av guld med ett stort hål i mitten, så att solen kunde skina in eller månen vagga stjärnorna till sömns i den harmoniska musik som svagt ljöd någonstans ifrån.

"Det finns en ingång här", förklarade Pilgrimen och ledde oss till en guldglänsande, utsirad dörr. Han öppnade den och då visade det sig att takterrassen fortsatte därinne, ett par våningar upp från ett runt rum därnere. En sådan terrass brukar kallas för lanternin.

När vi lutade oss över det gedigna gyllene räcket såg vi ner till det stora rummet nedanför. Det var förstås runt och dekorerat med fantastiska målningar och skulpturer. Ett långt bord med tolv stolar var dukat med guldbrokad och gnistrande bägare. På varje stol satt en mäktig, mänsklig figur. Endast en stol nära ena änden hyste en nästan genomskinlig gestalt, säkert en alv. Vid båda bordsändarna satt mycket imposanta personer, en man på ena sidan och en kvinna på den andra. Pilgrimen vinkade på oss.

"Det finns en trappa här, följ med mig", viskade han och det gjorde det. En vit spiraltrappa som såg ut att vara gjord av marmor, och enastående välbyggd, slingrade sig neråt med ett utsirat räcke. Lydia stannade bakom mig. Pilgrimen var redan nere i salen och väntade på oss.

"Jag törs inte", viskade Lydia. Hon skälvde i hela kroppen.

"Törs inte vadå?" fräste jag irriterat. "Om du är rädd att gå ner så ta min hand." Jag klev upp några steg. "Jag medger att trappan är brant."

Lydia stod prick stilla och darrade fortfarande, fast hon lagt sin lilla hand i min. Jag förstod att något var helt fel.

"Det känns som att komma till Gud!" Hon var likblek och handen darrade i min. "Det är inte bara trappan jag är rädd för. Det är gänget därnere."

Jag tog ett trappsteg till och fick tag i hennes midja och lyfte upp henne i min famn.

"Nu ger jag dig av min trygghet", sa jag och gick ner med min lätta börda. Därnere väntade Pilgrimen med ett leende och en kvinna. Kvinnan var lång och rak med guldblont hår till axlarna. Hon var mycket vacker. Hon var klädd i en lång vit klänning med guldbroderier och ett brett guldskärp. Jag såg att en stol på mitten av det långa bordet stod tom.

"Jag heter Helena", sa hon och tog Lydias båda händer när jag satte ner min änglavän på golvet. Sen la hon armen om Lydia och gav henne en kram och ett väldigt gott smil. "Jag är kapten (commander) på ett Alfa-skepp och jag är här för att få information om det stora väldiga som ska hända med Jorden. Då måste hela rymdflottan med sina miljoner skepp vara på alerten, förstår du. Men just nu ser jag bara en skrämd liten flicka som jag vill hjälpa och trösta."

Tårarna rann utefter Lydias kinder.

"Så dum jag är", snyftade hon. "Jag vet ju att ni är snälla allihop. Men det verkade så fruktansvärt högtidligt här, så det kändes nästan farligt."

Helena brast ut i skratt.

"Det här är nog det minst farliga ställe du kan vara på!" utropade hon. "Nu ska vi presentera er för alla mina bordskamrater." Hon tog upp en spetsprydd näsduk och torkade Lydias ögon och klappade om henne tills hon brast i skratt. Sköna Helena var en härlig person. Ordet "pantertant" passade kanske inte så bra på denna utsökta varelse, men innebörden var rätt. Himlens pantertant, tänkte jag och smålog inuti. Jag har fått lära mig att småle inuti mig i celebra sällskap.

7. Det celebra sällskap som styr Agartha

Nu vill jag, Jan, att läsarna ska förstå att jag inte kan namnge var och en kring det gyllene bordet med deras rätta namn. Det får jag helt enkelt inte. Några har gått med på det, andra inte. Men jag försäkrar att denna samling visa män och kvinnor finns och arbetar i Agartha för att kunna hjälpa Jorden på bästa sätt. Helena har ingenting emot att bli avslöjad, Mariana har sett henne fysiskt och pratat med henne psykiskt. Helena har själv berättat om sitt första möte med Lydia och vi har skrattat hjärtligt åt den blygsamma, rädda ängeln.

Helena ledde Lydia rakt fram till den genomskinliga varelsen som satt närmast oss. Han (för han gjorde ett manligt intryck trots sin transparanta apparition) reste sig och kysste artigt Lydias båda händer med en fjärilskyss. Mig gav han ett glatt leende och en vänlig nick.

"Jag heter Alric", sa han med förvånansvärt ljus och klingande röst. "Jag representerar alvriket, som jag vet ni känner till från förut. Välkomna till Shamballa, visdomens pärla!"

Helena ledde hela tiden Lydia vid handen och jag traskade efter tillsammans med Pilgrimen och Lissa, som verkade helt hemmastadd i dessa gudomliga kretsar. Nästa mästare var Hilarion. Honom kände jag sen förut, det var en glad och trevlig man. Långa var de allihop, men i synnerhet han. Han var mager och senig och en aning kutryggig, men nu rätade han på ryggen och hans djupblå ögon fick en skarp glimt.

"Men se Jan!" utropade han. "Gamle vän, hur har du det nuförtiden?" Han sträckte ut sina långa armar och gav mig en bamsekram. "En vacker flicka har du med, ser jag! Akta dig för Janne, lilla tös, han är vild och farlig!" Och så brast han ut i skratt och tecknade åt oss att gå vidare. "Iväg med er, Kuthumi nästa!"

Kuthumi kände jag också, fast inte så väl som Hilarion. Kuthumi hade hjälpt till att sprida teosofin på Jorden, men människorna var inte redo vid det laget. Nu arbetade han tillsammans med de andra mästarna med Jordens förestående räddning och omvandling.

Plötsligt drabbades vi av en våldsam vind, mitt emellan två stolar. Jag anade genast vem som skojade med mig, han är en kär vän, alltid på skämthumör. Jag hörde några glada toner på en panflöjt och såg Naturens Gud högljutt dråsa ner från sin stol och ge mig ett stormande famntag.

"Sådan tur att jag är här i dag!" utropade han med sin varma, kraftfulla stämma. "Vi har ett viktigt möte om Jorden och då måste jag vara med, eftersom hela min värld av flora och fauna ska förändras. Det blir till det bättre, hoppas jag! Jorden ska blomstra som aldrig förr, den ska bli den vackraste planeten i hela vårt universum, som det var menat i begynnelsen. Och mänskligheten ska bli dess innerligt tillgivne tjänare!"

"Jag trodde mänskligheten skulle bli fri i ljus och glädje och inte minst kärlek!" svarade jag.

"Tjänande innebär inte slaveri", svarade Pan. "Mänskligheten måste inse sambandet med både flora och fauna och det innebär ett broder- och systerskap där allt liv vördas och vårdas. Vi kommer att våga visa oss för människorna utan att frukta hot och misshandel från dem."

"O du sköna, fria värld!" utbrast jag. "Måtte du snart erövra människors sinnen och förvandla dem till goda elever i livets skola. Tyvärr kan vi se kvällstidningarnas chockerande nyheter från vår skyddade dimension om vi vill och om vi ämnar försöka göra något åt det. Vi kämpar mot mörka krafter, Pan, och jag hoppas segern blir vår!"

Vi kramade varandra och Pan omfamnade även Lydia. Jag såg hennes fundersamma ansiktsuttryck. En pälsklädd man med bockhorn känns nog lite ovan för en ängel att bli omfamnad av. Men vi fortsatte till nästa stol. Där befann sig återigen en mycket god vän, nämligen mästaren och greven av Saint Germain. Vi vandrade ur famn i famn bokstavligen och jag la märke till att så gjorde även vår vän Pilgrimen. Lissa travade på med högburet huvud och svansen i vädret och tog nådigt emot de ljuslika klappar hon fick. Men Pan valsade runt med Pilgrimens hund som om hon var en tjusig danspartner.

"Käre Jan, vem hade anat att få träffa dig här!" Saint Germain gav mig ett strålande leende. När även Pilgrimen hälsade glatt bekant på honom försvann mina funderingar om att de två var en och samma man. Nej, Pilgrimen var en annan mästare och hans integritet fick inte upphävas eller fläckas. Greven av Saint Germain, som också kallas Prins Rakoczi var en magnifik uppenbarelse. Hans lysande vinröda mantel hölls samman i halsen av en stor sjuspetsad guldstjärna besatt med diamanter, ametister och smaragder. På något sätt borde man få intrycket av en sprätt från 1700-talet, men när han talade förstod man att han var någonting helt annat. Dessutom hade han en så stark utstrålning att den verkade som en gloria runt hela hans kropp. Han är den sjunde strålens mästare. Jag hade tänkt högt eftersom Lydia frågade:

"Vad menar du med den sjunde strålen, Jan? Vad är det för strålar du tänker på?"

Det var en fråga jag måste svara på, eftersom mina läsare kanske inte heller är informerade om strålsystemet hos mästarna i det Stora Vita Brödraskapet. En snabb blick runt bordet visade att den planetariska hierarkin var representerad och dess sju mästare på plats. Det var bara att förklara för vår vilsna ängel Lydia. Pilgrimen såg min tvekan och gav upp ett vänligt skratt.

"Om inte du berättar det för Lydia, så gör jag det!" sa han. Vi hade kommit till den ena kortändan av det långa bordet. Jag nickade lättad: "Gör det du!"

"Vi har precis kommit till den första strålens mästare, El Morya", förklarade han. Vi stod nedanför podiet som bordet stod på så våra röster hördes inte så mycket, eftersom vi talade lågt, nästan telepatiskt med varandra. "Morya kommer ursprungligen från planeten Merkurius och han anses vara representant för Guds vilja. Han arbetar nu mycket intensivt för Jordens frigörelse från de mörka krafterna och för förändring till att representera Ljuset och Kärleken. Det är en strikt och strategiskt utbildad man vars kunskaper verkligen behövs på Jorden.

Den andre strålarens mästare heter Lanto. Hans ursprung är Kina. Betecknande och unikt för honom är att ljuset från hans hjärta är synligt i hans kropp. Han står mästaren Saint Germain mycket nära, de arbetar ofta tillsammans med olika projekt.

Stråle nummer tre, som kallas kärlekens stråle, tillräknas venetianaren Paul, som en gång inkarnerade som Paolo Veronese, en icke okänd konstnär i Italien, eller hur? Han var inkarnerad på Atlantis och tog sig till Peru innan den kontinenten sjönk i havet.

Han står för människors kärlek och tolerans för varandra men också för skönheten i konsten.

Serapis Bey är fjärde strålens mästare. Han borgar för den strikta disciplinen, den som kommer inifrån så att man kan uttrycka sitt djupaste inre Jag på rätt sätt. Det sägs att han härstammar från Venus. Ett av de liv han levt på Jorden var den berömde Farao Achnaton. Han arbetar fortfarande för Brödraskapet i Luxor, tillsammans med Seraferna.

Den femte strålens mästare är Hilarion, som vi nyss mötte här. Han är här för att som språkrör representera alla strålarna.

Äntligen är den sjätte strålens representant en kvinna, nämligen Nada. Hon står för utveckling av många civilisationer och för gudomlig kärlek ända från barndomen. Hon engagerar sig i djur- och växtlivet, så hon känner självklart Pan. Hon är här. Hon sitter där borta."

Han nickade i riktning snett över bordet. Där satt en späd, blond kvinna med enormt stora blå ögon, klädd i en skimrande rosa klänning, och en glittrande sjal, med smycken som liknade rosor.

"Snyggt", viskade Lydia. "Henne vill jag gärna träffa."

"Det får du snart", viskade Pilgrimen tillbaka. "Vi har bara den sjunde strålen kvar och ni fick nyss veta att det är greven av Saint Germains stråle. Så nu kan vi fortsätta runt bordet och hälsa på dem som vill bli hälsade på."

8. Hopi-indianernas profetia

Det hördes en signal som betydde att någon ville säga något och som befallde tystnad från de andra. En man vid bordets bortre kortända reste sig upp. Han höjde båda armarna och smålog mot församlingen.

"Jag ber om er uppmärksamhet!" utropade han med stark sonor stämma. "Vi har besök från de himmelska sfärerna. Vår ädle vän Pilgrimen har tagit med sig en man och en kvinna som kommit hit för att förmedla sina intryck av Agartha till en högre dimension. Jag är som ni vet Hilarion och jag har fått till uppgift att önska de ärade gästerna välkomna på vårt vanliga sätt!"

Här hördes glada skratt och vänliga ögon riktades mot oss. Pilgrimen förde oss upp på podiet och jag bugade åt alla håll och Lydia smålog och nickade. Pilgrimen var tydligen en person som var välkänd i mästarkretsarna.

Ljuv musik hördes plötsligt, starka väldofter flög genom luften och en osynlig kör sjöng så vackert att jag aldrig hört dess like. Det kändes förunderligt och magiskt. Efter en lång stund avtog musiken och sången och Hilarion fortsatte att prata.

"Vi är väl alla medvetna om att hopifolkets profetia om yttre Jorden har börjat slå in? De talade om Jordens förändring 2012, dvs. deras profetia sträcker sig endast till det året. Jag skulle vilja påminna er om en del av den, som jag finner angelägen i nuvarande tid på ovanjorden."

Lydia, Pilgrimen och jag hade fått var sin stol på den ena kortsidan, så vi förstod att det skulle bli ett längre tal. Hilarion smålog mot oss och återupptog sitt tal.

"Om vi delar upp Jordens evolutionshistoria i cykler, så kom först mineralernas rike, sedan växternas och så djurriket. Därefter var det meningen att människoriket skulle komma. Nu har vi kommit till slutet av djurrikets cykel och vi har lärt oss att leva som djur på Jorden.

I begynnelsen kom den Store Anden enligt hopi ner till Jorden och visade sig. Han samlade människorna på en kontinent som numera sägs ligga under vatten men som vi vet var Atlantis, och han meddelade dem detta: "Jag ska sända er i fyra väderstreck och ge er fyra hudfärger. Ni ska inhämta lärdomar som ni ska kalla den Ursprungliga Visdomen. När ni återförenas ska ni dela kunskapen med varandra och ni ska bli en stor och vis civilisation som lever i fred. Jag kommer att ge er två stentavlor var och dem får ni inte tappa i marken. Om det skulle hända får Jorden det svårt och kommer så småningom att dö."

Så fick vi alla vårt ansvar som vi kallar för vårt Förmyndarskap. Till den röda rasen gav han Jorden. Den fick lära sig om plantorna som växer i jord, födan som vi kan äta och örterna som vi kan hela med. Denna kunskap skulle de dela med sig till de andra.

Den gula rasen tilldelades ansvaret för vinden. Den skulle lära sig om luft och andning och hur vi kan använda den för andlig utveckling. Till den svarta rasen gav han ansvaret för vattnet. Den fick veta att vattnet är det ödmjukaste och mäktigaste av elementen.

Den vita rasen, slutligen, fick ansvar för elden. Elden förtär men är också rörelse. Den vita rasen skulle röra sig över Jordens yta för att förena alla raserna till en mänsklig familj. Men allt detta är tyvärr glömt. Endast hopis har gömt och bevarat kunskapen.

Hopis har fortfarande kvar sina två stentavlor i Arizona. Den svarta rasen bevarar sina i Kenya och den gula rasen bevarar sina i Tibet. Den vita rasens stentavlor lär ska finnas i Schweiz men det talas aldrig om dem. De är ett helt glömt kapitel. Kanske finns de kvar, kanske inte.

Hopis har hela tiden behållit tron på att Jorden kommer att resa sig och renas av sig själv. Att leva i den tiden - som vi alla vet är nu - är både den svåraste livstiden men också den ädlaste. Vi befinner oss just nu mitt i denna rening, som många för övrigt kallar för apokalypsen.

Nostradamus förutsåg de stora jordbävningarna på Jorden. De har börjat inträffa. Krig brinner i öster och på flera ställen. Människor lever ut sina lustar i det ondas skugga. Men kärleken finns kvar och vi är många som värnar om den och sprider den." Därmed slutade Hilarion sitt anförande och vilda applåder ackompanjerade den makalösa musik som åter strömmade ut omkring oss från ingenstans.

Lady Nada skyndade sig upp på podiet innan musiken

slutade. Hon sträckte upp båda armarna till tecken på att hon ville tala. Hilarion stod kvar bakom henne tills musiken ebbade ut i ett skälvande skönt ackord.

"Jag vill tala för kvinnan!" ropade hon och hennes röst var mycket starkare än jag hade trott.

"I de tider som närmar sig och mycket snart är här, då jorden ska genomgå en totalt omvälvande förvandling, behövs kvinnan ännu mer än förut. Jag vill på intet sätt förringa mannens uppgifter, men jag vill påminna mina systrar om att vi måste använda alla våra krafter i den nöd, förtvivlan, desperation och skräck som kommer att uppstå. Nu är vi alla systrar, fulla av läkande förmåga, kraft och empati. Det vi inte tror att vi kan eller förmår kommer att förmedlas till oss via Ljusets väsen som var och en av er har rätt att åkalla.

Glöm aldrig att vi inte är ensamma, vi arbetar alla tillsammans och vi är alla jämlikar, med olika erfarenheter som vi kan använda och förmedla. Vi är alla magiska kvinnor och vi använder vår magi i en ständigt behövande praktik. Tillsammans, systrar, är vi starka! Lika starka som Livet självt!"

Nu kom nästa bedövande applåd och nästa hjärtevärmande musikupplevelse. Nada gick fram till Lydia och blinkade med spjuvern i ögat.

"Sprid detta budskap till alla systrar i stjärnornas glittrande här!" viskade hon och de båda kvinnorna gav varandra en varm kram.

"Nu är det nog dags att vi går härifrån", sa Pilgrimen och tog min arm och Lydias· hand. Han bugade sig och det gjorde vi också. Det blev alldeles tyst i salen när vi tågade ut, åtföljda av en vacker hund med svansen i vädret och nyfiken på vidare äventyr.

Vår trofasta farkost, svävaren, stod kvar utanför byggnaden och väntade. Jag var fortfarande lite omtöcknad av den högtidliga stämningen därinne, så jag klättrade upp och damp ner rakt på Lissa, som vänligt nafsade mig i benet och slickade min hand.

"Nu ska vi vila oss från högtidlighet och besöka drakryttarnas skola", förklarade Pilgrimen när vi seglade upp i den något svalare, men ännu helt klara luften.

9. Drakryttarna

När svävaren tog mark såg vi ett staket eller en slags galler och en port som vi förmodligen måste gå igenom. Vi hörde ett hårt fladdrande ljud och inom kort såg vi varifrån de kom. En man som var ovanligt kort för att vara agarthan kom springande mot oss. Han var ingen ungdom men föreföll vig och välgymnastiserad. Han var gråhårig, hade ett kort spetsigt skägg och glada gråblå ögon. Han rusade fram till Pilgrimen, omfamnade honom och vände sig sen till oss. Lissa uppförde sig som om hon kände honom väl.

"Jag heter Sirq och är drakryttare", sa han och gav oss ett strålande leende. "Jag lär unga män och kvinnor att bli drakryttare och det är ingen dans på rosor. Kom med mig så får ni se."

Vi följde honom genom ett litet skogsparti och bakom träden lyste en öppning. Vi kom fram till en läktare som tydligen var gjord för åskådare. Den var hög och vi förstod ganska snart varför, när vi mödosamt klättrat uppför alla trapporna.

Framför oss låg en gräsplan, ungefär så stor som en fotbollsplan, och nedanför oss fanns åskådarläktare. Men det som utspelade sig på planen var det intressantaste jag sett på länge. Sin vana trogen kramade Lydia min arm hårt när hon var riktigt uppspelt och hänförd. Där lyste en grönskiftande rad med drakar. Jag räknade till sju stycken.

Vid varje drake fanns en ung människa sysselsatt och trots ungdomarnas avsevärda längd såg de ut som pysslingar bredvid de mäktiga djuren. De tvättade nosarna och spolade drakarna mellan de stora fjällen och gjorde ren deras fötter. En del djur låg ner och lät sig lydigt behandlas, de andra stod upp, stampade otåligt och fladdrade och slog med vingarna.

"Här är drakskolan", berättade Sirq. "Vi utbildar präglare. Präglarna är de som funnit och vuxit upp med drakägg och därför präglats till den drake som fanns i ägget. De hör samman för alltid på ett starkt, oupplösligt sätt. Jag ska gå ner och be en av pojkarna flyga med sin drake så får ni se hur det går till."

"Ni kanske vill pröva på en drakritt?" undrade Pilgrimen. "Om ni inte vågar så kan jag följa med. Två ryttare går bra, jag kan flyga med Lydia om Sirq tar hand om Jan."

Det vi såg gav oss verkligen lust att pröva på. En av drakarna som stod upp la sig ner så att ryttaren lätt kunde kliva upp i sadeln. Stora, kraftiga sadlar var fastgjorda på drakarna, ungefär som kamelsadlar, fast dubbelt så stora. Drakryttaren var placerad bakom drakens jämförelsevis små öron så att han kunde ge order och tydligen tala med sin drake. Pojken böjde sig framåt, vidrörde spetsen av drakörat och så började stigningen upp i luften. Andlöst stirrade vi på hur det stora djuret mjukt och elegant steg till väders och flög några tag i en cirkel runt oss. Så började draken dyka runt och ta sig upp igen.

"Han gör looping the loop", utropade Lydia och Pilgrimen nickade. "Det här är ju sanslöst! Vågar du, Janne?" Jag nickade, men inuti mig var jag inte så säker. Visst hade jag ridit många gånger under mina resor men aldrig på så stora djur. Om man inte kan likna flygmaskiner vid drakar? Jag log vid tanken.

Uppvisningen i luften var över och Sirq var tillbaka på läktaren igen.

"Vill ni ha en liten ridtur, mina vänner?" frågade han. "Det finns två gamla snälla drakar som är vana vid turister. Präglarna följer med er och om ni vill gör Pilgrimen och jag det också. Då får någon ta hand om Lissa, för hon tycker inte om när husse rider drakritt. Hon har varit här flera gånger. Vi kan förstås binda fast henne ordentligt om du gärna vill ha henne med, Pilgrim. Men då blir det garanterat ingen looping, det lovar jag!"

Han ledde oss ner från läktaren och Lissa började gnälla. Det hade jag också lust att göra, för de förskräckligt stora djuren skrämde mig lite. En ängel får inte vara rädd och jag tittade inte på Lydia, som gick arm i arm med Sirq medan Pilgrimen kopplade sin hund.

Man kunde faktiskt se att de två drakarna vi fördes till var gamla. De fanns inte där från början och de unga drakarna verkade väldigt vördnadsfulla mot gamlingarna. De stod där så elegant och böjde sina huvuden upprepade gånger mot de enorma nykomlingarna. Jag kände mig som en mygga i en knuten näve. Jag såg på medan Lydia gick fram till den ena gammeldraken, klappade den på nosen och viskade något i det stora lilla örat. Draken svarade faktiskt genom att pusta ut lite rök ur näsborrarna och dra upp sin stora överläpp i ett slags smil. Sirq hjälpte henne upp och hoppade upp bakom henne.

Hennes drake hade en ·tvåmanssadel som såg riktigt bekväm ut, detsamma hade min. Jag gjorde likadant som hon, klappade den väldiga nosen och fick en belåten rökpust i retur. Pilgrimen satte sig bakom mig och på båda drakarna satt en präglare. Jag tror att drakarna endast lydde order från sina präglare, så vi väntade på ett avgångsrop. Det kom!

Det kändes i magen trots att den var en ängels. Jag var inte riktigt klar över hur pass människolik jag egentligen var, eftersom agarthanerna var speciella om man jämförde dem med vanligt folk på ovanjorden. Så jag fick nöja mig med att änglamagen knöt sig bara litegrann när vi flaxade upp i luften. Svävaren svävade ju också ganska högt ibland, men den var mer som en helikopter. Det fanns inget helikopterlikt över draken som jag var ordentligt fastbunden vid. Lydias drake höll sig ganska jämsides till att börja med, men så for den plötsligt iväg i ultrarapid.

Himlen var helt molnfri och Agarthas sol, som jag visste var artificiell och mycket behaglig, närmade sig utan att det blev varmare. Jag myste där jag satt med Pilgrimens händer om midjan. Lissa befann sig bakom sin husse, också hon väl omsnärjd av rep. Han hade bestämt sig för att låta hunden få känna på hur det var att sitta ovanpå en drake och det verkade som om Lissa förstod, hon lät sig snällt bindas fast i sadeln. Jag hade läst böcker om drakryttare när jag levde på Jorden och aldrig tyckt att det var något märkvärdigt. För mig har drakar alltid funnits på riktigt, fast jag vågade aldrig skriva om dem. Men nog berättade jag draksagor för barnen när de var små. Kanske inte om så snälla drakar som de här förstås.

Jag hörde ett skrik eller snarare ett tjut och såg Lydias drake långt framför min. Den flög på sned, som om den tänkte välta. Lydia såg ut som om hon lossnat ur Sirqs grepp.

"Vi måste dit, det har hänt något!" utropade Pilgrimen och gav ett besked åt ryttarlärlingen som i sin tur genast viskade i vår drakes öra. Den gjorde snabbt en dykning och flög så fort till den andra draken att vi innan jag hann tänka befann oss under den och såg att Lydia hängde med överkroppen utanför sadeln. Sirq höll ett fast grepp om hennes midja.

"Jag för över henne via teleportering", skrek han. "Vår drake är sjuk och måste hem. Jag stannar här."

I ett huj var Lydia framför mig i sadeln medan vår drake stod stilla i luften. Pilgrimen snodde snabbt som tanken ett skimrande rep omkring henne så att hon satt stadigt. Jag såg hennes likbleka ansikte och viskade:

"Lugn, älskade ängel. Du är i goda händer nu och vi återvänder till marken."

"Han gjorde looping fast han inte fick det", svarade hon svagt och svimmade antagligen, för hon föll bakåt med huvudet mot min axel.

"Vi är snart på marken igen", tröstade Pilgrimen och vår drake bredde ut vingarna och seglade fort som en vind, men stadigt och säkert, raka vägen ner till drakbanan. Väl på fast mark kunde jag andas ut och vi hjälptes åt att lossa Lydia och lägga henne på en bänk på läktaren. Lissa gick fram till henne och började ivrigt nosa och slicka överallt på henne.

"Ta bort hunden", sa jag nästan argt till Pilgrimen. Han skrattade högt.

"Nej", sa han, "för Lissa botar henne. Lissa är en healinghund. När Lydia vaknar minns hon ingenting av olyckan och tror bara att ni har återvänt från en skön flygtur - så skön att hon somnade till. Det är·bäst så."

En hund som var helbrägdagörare (så sa man förr)! Nog var Lissa en fin vovve, men aldrig hade jag trott att hundar kunde bota människor - bara tvärtom! Nu måste jag se med nya ögon på detta fantastiska djur. Men jag hade fått lära mig mer om djur i dag. Drakar var också fantastiska. Som om han läst mina tankar sa Pilgrimen:

"Det går att tala med drakar. Det finns faktiskt drakar som kan tala, men mestadels sker ju kommunikationen via telepati. Deras intelligens kan jämföras med delfinernas och delfiner har mer än mänskligt förstånd. Det får du veta mer om på Sirius. Tyvärr måste Lydias drake ha varit sjuk och det händer mycket sällan. Det var otur att det hände er. Ibland får drakar i sig olämplig mat som de fångar när de flyger."

"Men först ska vi till Plejaderna, till någon planet där", sa jag. "Just nu skulle jag vilja stanna ett tag i Agartha. Det finns mycket mer att se och lära här."

"Du och Lydia kan följa med mig hem till min bostad, så kan jag svara på era frågor och berätta lite mer om landet ni befinner er i."

Hans bostad? Jag trodde att Pilgrimen var en evigt vandrande själ. Han måste se vad jag tänkte, för han skrattade högt och klappade mig på axeln.

"Visst vandrar jag mycket", sa han, "men dels reser jag hem ibland och vilar ett tag, dels behöver Lissa avkoppling emellanåt. Hon betyder allt för mig. Det är några saker ni inte fått veta ännu, t.ex. hur Agartha styrs och varför det verkar så lugnt och harmoniskt här. Svävaren står och väntar!"

10. Kristallstäder och minisamhällen

Svävaren var en magisk farkost. Lydia verkade inte intresserad av vad som hänt medan hon sov, men hon hoppade upp i svävaren med ansiktet strålande av glädje.

"Så bra om vi får reda på hur Agartha styrs!" utbrast hon, "Jag är så hemskt nyfiken på det. Vi träffade ju de tolv i den där vackra byggnaden, men jag förstår ändå inte riktigt hur allt går till här. Hur kan det vara så lugnt och välordnat, och människorna är alla så glada. Djuren verkar så kloka och inte alls aggressiva, Jag har inte hört ett hundskall sen vi kom hit men desto mer fågelkvitter, nästan för mycket ibland." Hon skrattade och kastade slängkyssar åt osynliga fåglar i träden.

Ännu mindre förstod vi när vi kom fram till Pilgrimens bostad. Det var en grotta i skogen, inbäddad i grönska från alla håll och omöjlig att upptäcka om han inte haft vissa kännetecken efter skogsstigen vi gick på. Det var nog så märkvärdigt när vi steg ur vår svävare mitt i en skog, men nu skällde faktiskt Lissa ett glädjeskall och satte iväg med svansen högt i vädret. Snart såg vi inte ens hennes svans när vi följde efter vår vän in i en urskog.

Grottans ingång var täckt av en dörr som svängde upp på vid gavel när vi anlände. Häpna steg vi över en tröskel av trädstam och kom rakt in i ett mysigt rum med stenväggar och stengolv, men även en öppen spis med flammande brasa. Framför den stod en svängd långsoffa och ett lågt bord och Pilgrimen bad oss sitta ner. På ett ögonblick stod brickor med härligt doftande smörgåsar och en kanna av det goda agarthanska ölet. Vi var väldigt hungriga vid det laget, till och med Lydia lät sig väl smaka. När vi hade stillat den värsta hungern började Pilgrimen prata.

"Man lyssnar inte så bra med tom mage", skrattade han. "Ni ville veta hur Agartha styrs och då ska jag berätta och tala till er som om ni var ovanjordingar. Det har ni ju faktiskt varit! Att Jorden är ihålig vet ni redan. Era makthavare har under årtusenden lyckats förtiga detta, eftersom det kanske skulle leda till minskad makt för dem över Moder Jord. Det skulle, o fasa, även kunna leda till förbättringar i era samhällen och andra och bättre tänkesätt hos er. Följden därav kunde bli ödesdiger för maktens profeter.

Man kan säga att Jorden har en inre skorpa som är fortsättningen på den yttre. Vid båda polerna finns ingångar i form av hål där skorpan vecklar sig neråt och smyger in i hålrummet därinne. Därinne börjar tunnlarna. Den yttre och den inre skorpan har en liknande topografi: båda innehåller oceaner, kontinenter, bergmassiv, sjöar och floder. Kärnan i det inre är omgiven av en molnslöja. Ljuset därifrån är svagare än solen, så dagsljuset i inre Jorden är mjukare än på den yttre. I den inre Jorden finns så kallade grottvärldar. Det är enorma hål som dels skapats på ett naturligt sätt av Moder Jord, dels skapats av den avancerade teknologin som finns i Agartha. Detta land är den sista överlevande delen av Lemurien."

"Sitter vi egentligen i Lemurien nu?" avbröt den förvånade Lydia.

"På sätt och vis, ja!" svarade Pilgrimen leende. "Och i Atlantis om du så vill. Men Atlantis ledare var inte snälla mot lemurierna. De förseglade alla ingångar till Lemurien - alltså nuvarande Agartha. Strax före Atlantis undergång lyckades lemurierna bryta loss sigillen och därmed rädda många ovanjordiska invånare från en säker död. I stället blev tyvärr Anunnaki härskare på ovanjorden och hur det gick med dem vet ni säkert."

"Det har jag berättat om i min tidigare utgivna bok om Agartha." (Marianas kommentar).

"Bra. Det är inget roligt kapitel att tala om." Pilgrimen serverade oss lite mer förfriskningar. Lissa smög sig tätt intill Lydia och såg ut att lyssna på husse.

"Lemurierna som överlevde den stora floden (Lemurien låg i Stilla havet) kom samman och kallade sitt nya samhälle för Agartha. Huvudstaden Shamballa började byggas i en grotta som låg långt under staden Lhasa i vad som fortfarande är Tibet på ovanjorden. Det finns än i dag många tunnlar mellan Shamballa och den övre delen av Himalaya. Dessa användes av heliga män som sökte upp den yttre Jorden för att sprida sin visdom, och det gör de fortfarande fast med mindre framgång eftersom det finns färre lyssnare.

Agarthas värld liknar egentligen ganska mycket ovanjorden. Inre Jorden innehåller ett blomstrande ekosystem där ni kan återfinna djur och växter som inte längre existerar på yttre Jorden. Agarthas invånare sköter om och bevarar denna fauna och flora. Agarthanerna bor själva i kristallstäder som är spridda över hela den inre Jorden.

Agartha har med tiden skapat ett slags levande galaktiska samhällen. Ett system på 12 klaner eller stammar finns i hjärtat av varje samhälle. Varje klan har maximalt 64 medlemmar. Dessa är organiserade i enlighet med sina uppgifter, t.ex. administration, teknik, healingförmåga, etc. De kan sammanfattas i ordet kapsel. Det är vanligt att kapslar från en klan kommunicerar med de andra från övriga 11 klaner (stammar). De stora grupperingarna formar minisamhällen som vart och ett har resurser för att på ett kreativt sätt lösa varje problem som kan uppstå.

Agarthas regerande rådsförsamling består av 12 huvudmedlemmar från klanerna. Dessa har valts på grund av de tjänster de gjort stammarna och samhället. Rådsförsamlingen väljer en individ som anses som den visaste. Denne får titeln Kung eller Drottning. Denna person får ansvaret för en oändlig armé av sändebud eller sambandsofficerare som sänds till ovanvärlden och till den Galaktiska Federationens råd.

En avancerad teknologi tillåter varje person att själv skapa sin dagliga föda och sina kläder. Det gör varje kristallstad oberoende, eftersom det varken förekommer byggande, odlande eller tillverkning av något slag. Var och en skapar sin tillvaro som den personen önskar. Teknologin transporterar också folk på ett ögonblick... "

"Då behövs inga svävare egentligen", avgjorde Lydia, som var bra på att avbryta.

"Du ska veta", svarade Pilgrimen leende, "att denna förnämliga teknologi för närvarande används till att försöka ena Agartha med hennes ovanjordiska bröder och systrar. Även för oss är det roligt och berikande att studera naturen från en svävare. Men vi delar gärna med oss av våra kunskaper." Här tystnade han och vi klappade i händerna tills Lissa började morra. Hon tyckte vi var stökiga, antar jag.

"Vila nu här en stund innan ni flyger vidare!" bad Pilgrimen. Lydia la tacksamt huvudet på en soffkudde och drog upp benen. Tätt intill henne slumrade Lissa. Jag såg frågande på Pilgrimen och han reste sig och vinkade åt mig.

"Vill du veta mera innan ni lämnar oss?" frågade han och jag skyndade mig att följa efter hans fladdrande munkkåpa. Jag fann honom i svävaren, redo för ännu en rymdpromenad.

"Vi har inte pratat mycket om Telos eller ens besökt staden mer än ditt och Lydias besök hos Boron vid ankomsten hit. Staden är byggd i fem våningar, vilket kanske är svårt för en före detta ovanjording att förstå."

"Nej då", svarade jag ivrigt. "min fru satte en ära i att baka tårtor i flera lager, så det är inget nytt för mig. Rolig idé att bygga en stad i våningar."

"Det är smart på många sätt", svarade Pilgrimen. "Djupt nere och högt uppe alltså! Högst upp, om vi tar det uppifrån, har du centrum för handel och administration. Det ligger ju ganska nära ovanjorden. Ovandelen är pyramidformad. Där finns alla offentliga byggnader inklusive ett stort hotell för ovanjordiska besökare. Där finns också ett kommunikationstorn, ett flygfält och diverse residenser."

"Handel?" avbröt jag. "Flygfält för flygmaskiner? Varför vet inte ovanjorden något om detta?"

"Telos ligger närmast ytan och är lite influerat av ovanjordingarna", smålog Pilgrimen. "På våning 4 finns bostäder och fabrikation som utesluter maskiner. Alla hus är runda och det finns bostäder för ensamma, för par och för större familjer. Eftersom husen är runda blir de aldrig dammiga. Det har ni inte kommit på på Jorden!"

På våning 3 finns odlingar. Vårt miljövänliga odlingssätt är mycket avancerat. Frukter, vegetabilier och sojaprodukter är dubbelt så smakfulla och rikliga som ovanjordens. Här förekommer endast vegetarisk föda.

På våning 2 finns mer odlingar, en del tillverkning och en del parker.

Första våningen är naturens. Där finns alla djur som försvunnit från ovanjorden och annan fauna också. Något som inte finns där är våld och dödande."

"Hur kan de då överleva?" undrade jag.

"Naturen får ha sin gång, Människan dödar inte djuren och de dödar inte henne, eftersom djuren här inte ser henne som sin fiende. En del sorters djur matar vi som på ett zoo, En del blir sjuka och ungar kan förlora sina föräldrar, men vi ser till att allt går i rätta banor. Det finns många människor som arbetar med djur och växter."

Medan Pilgrimen talade åkte vi runt och poppade upp och ner som guttaperkabollar. Vi stannade inte någonstans, ändå såg jag fler djur än jag gjort under min jordiska livstid. Men nu började jag oroa mig för Lydia.

"Hon skulle inte ha klarat av det här", kommenterade Pilgrimen. "Du kan berätta för henne under er fortsatta resa."

"Jag har en fråga till", sa jag. "Talar ni samma språk över hela landet?"

"Vi talar något som vi kallar för solspråket, men dialekterna varierar från stad till stad. Vi har ett högt avancerat datorsystem som alla använder."

"Har ni datorer?" utbrast jag förtjust. "Varför har jag inte sett någon sådan här?"

"De ser inte ut som ovanjordingarnas", var svaret och jag såg åter tjuvpojksglimten i min väns ögon. "Och de funkar mycket bättre utan sladdar och krångel. De kostar ingenting, för pengar används inte här. Bra va'?"

"Då kan ni inte gå på bio eller teater?" frågade jag lite överlägset. Pilgrimen klappade mig på axeln.

"Visst kan vi det!" utropade han. "Sådana nöjen vimlar det av. Hur tror du annars vi skulle lära oss något? Vi har Porthologos som har mycket att bjuda på, men det finns många andra nöjescentra. Det är bara att gå dit, man behöver inte beställa biljetter."

Svävaren saktade in och rullade ovanför mossan i skogen utanför Pilgrimens bostad. Där hade just en arg Lydia vaknat, så mottagandet blev i det närmaste en utskällning. Men Pilgrimen bara skrattade och bjöd på en utsökt vegetarisk rätt med agarthavin för att stärka oss inför vår avresa till Plejaderna. Det var ju faktiskt ett långt hopp!

11. Plejaderna nästa

"Vem är du egentligen?" frågade jag Pilgrimen efter den lukulliska avskedsmåltiden i hans grotta. Hans svar blev ett otydbart leende.

"Den frågan kanske jag svarar på när vi möts igen", svarade han allvarligt. "Jag hoppas ni kommer tillbaka till Agartha innan ni gör er slutliga hemresa. "Annars blir Lissa ledsen - och jag med!"

Lydia la sina armar om halsen på den en aning bestörte Pilgrimen och gav honom en smällkyss på båda kinderna.

"Var så säker!" svarade hon. "Både Janne och jag trivs väldigt bra här och nästa gång vill jag guidas runt i Telos. Dessutom vill vi gärna träffa Boron, Tulli och Nelsea igen. Du hälsar dem väl från oss?"

Pilgrimen nickade eftertryckligt och hans vackra hund Lissa satt med nerböjt huvud. Hon skulle sakna Lydia.

"Om ni skulle behöva hjälp av något slag kan ni kalla på Lissa", sa Pilgrimen. "Hon hör Lydias anrop miljontals mil bort och hon kan, liksom jag, resa snabbt i tid och rum. I så fall kanske ni plötsligt har oss båda hos er. Men kom ihåg: bara om ni verkligen behöver oss!"

"Det låter tryggt!" Jag omfamnade min vän. "Nu känner jag att det är dags att ta oss till okända nejder på Plejaderna. På återseende, min käre vän!"

Jag drog Lydia tätt intill mig och båda visste vi vad vi skulle tänka och säga för att skifta omgivning. Ett ögonblick är alltför lång tid för det skiftet. Och strax stod vi där, hårt omslutna, två änglar på främmande mark, på en främmande planet i den oändliga världsrymden. Lydia var den första att slita sig loss och undrande ta några steg för att utforska omgivningen. Den var inte alltför ovanlig.

Vi stod i en dalgång. Det var höga klippor omkring oss, så man kanske hellre skulle kalla det en gryta. Hur skulle vi ta oss därifrån? Jovisst, vi var ju änglar, så det gick säkert galant. Himlen ovanför· oss var blå och en sol måste skina, för det letade sig ner glada strålar i springorna på bergväggen och de kittlade våra näsor och munnar så att vi började skratta.

"Hoho, hej!" hörde vi en ganska svag, ljus stämma bakom oss. Jag vände mig om samtidigt som Lydia. Hon skrek till och jag hajade till. Där stod en pojke, för något annat kunde det inte vara. Han var lång och mager och hade yvigt mörkt hår. Hans ögon var onaturligt stora - och jag kom ihåg att jag hade hört att invånarna på Plejaderna liknade människor men hade onaturligt stora ögon i vårt tycke. Han var klädd i åtsittande mörka byxor som gick till knäna och en lös vit skjorta. Pojken blottade en vit tandrad med lite spetsiga tänder och han såg absolut inte farlig ut.

"Vad är ni för ena?" frågade han. "Jag heter Maris och min lillasyster heter Toya. Hallå Toya, var är du? Kom genast fram, hör du! Det här är snälla utomplejadingar, dom är inte farliga!"

Det prasslade till bakom en buske som växte intill berget. Fram klev ett mycket mindre barn, med lika stora ögon och långt, mörkt, risigt hår. Lydia föll på knä och tog lillasysterns händer.

"Hej Toya", skrattade hon. Vi kom just hit ifrån Agartha. Vi vill bara hälsa på en stund och se hur ni har det på er planet. Bor ni här i närheten?"

Jag vet inte hur det kommer sig, men vi änglar har aldrig några språksvårigheter. Vi kunde samspråka utan svårighet, men fråga mig inte på vilket språk, Det som talades skulle jag svara på och det gick alltid bra. Vi lämnar det ämnet och pratar på som det kommer.

"Ja, vi ska föra er till mor", svarade pojken. "Far är med Ashtar Command hela dagen och vi vet inte när han kommer hem, men mor är hemma."

Ett hörn av klipporna i dalen var lite utskjutande. Jag hade inte tänkt på det förut, men mitt i det hörnet dolde sig en hiss. Jag hade helt enkelt inte märkt den, men där var också ganska mörkt. Maris lyfte upp systern och sprang in i hissen. Vi skyndade oss efter honom. Han tryckte på någon knapp, precis som man gör på Jorden, och hissen rusade uppåt. Den rusade verkligen. Om jag hunnit bli rädd så hade jag skakat av skräck, men varken Lydia eller jag hann bli det förrän hissen stannade med en massa skakningar. Maris susade förbi oss med lillasystern ridande på axlarna. Vi rusade efter genom den öppna hissdörren och så snart vi trampade på marken igen, susade hissen tillbaka neråt. Vi följde efter vår snabbe plejading. Trots bördan var han oerhört snabbfotad.

Vi la märke till att han berörde marken, inte svävade som på Agartha. Våra fötter trampade på vanligt hederligt vis också på marken, fast jag visste ju att änglar är betydligt lättare än vanliga människor. Kanske vi åter hade tagit mänsklig gestalt. Jag nöp Lydia där jag bäst kom åt när hon sprang förbi. (Man måste ju få njuta av att vara människa, om än bara en kort minut!) Hon skrek till, så jag hade gett henne ett ordentligt, fysiskt nyp i rumpan. Hade hon fortfarande haft änglagestalten så hade hon inte känt det.

Jag hann uppfatta att vi först sprang på en smal skogsstig som i mångt och mycket liknade en svensk skogsstig. Kanske var det något glesare mellan träden, kanske var barren på stigen längre, tjockare och grönare, men några stora skillnader fanns inte. Sen kom vi ut ur skogen, men Maris stannade inte och Toya lekte fortfarande häst. Husen började skymta fram.

På Plejaderna var de inte runda, åtminstone inte på den här stjärnan. De liknade inte vanliga jordiska hus heller, om man bortser från att de stod på marken och hade tak. Storlekarna varierade, så även färgerna.

Det är svårt att beskriva hus som har olika storlek, är i olika färger och olika modeller. När Maris plötsligt stannade med ett svischande ljud, ägnade jag mig i stället åt att beskåda den närmaste byggnaden. Det spetsiga taket inramade hela huset. Det fanns alltså tak uppifrån och ner på fyra sidor ända ner till marken. Det såg konstigt ut, men man fick väl vänja sig.

"Jag har sett bilder på hus från Jorden", sa Maris när han pustande och stönande satte ner lillasystern på marken. "Ni har så konstiga tak. Våra tak kramar om huset så det känns varmt och gott. Era hus släpper in både värme och köld. Vi bor i en omfamning, vi! Titta runt så ser du."

Jag tittade runt och förstod plötsligt vad han menade. Lydia gjorde likadant. Husen stod i korta rader med gator omgärdade av grönska. Alla tak var fyrsidiga ända ner till marken. Men var fanns dörrarna och fönstren? Trappor såg jag inga heller. När Maris såg våra miner skrattade han så han kiknade, systern likaså. De flesta husen var kvadratformade. Några större var rektangulära och sen såg jag inte längre, gränden var slut. Det fanns grönska överallt, både träd och buskar, och små blomplanteringar framför något av taken.

Att öppna ett hus gick till på samma vis som att öppna garaget därhemma. Dörren lyfte sig när Maris tryckte på en knapp och vinkade åt oss att följa med. Det kändes precis som att gå in i garaget, men det luktade inte bensin. Det luktade friskt och gott av blommor och sedan något annat, som onekligen måste vara mat. Det hade blivit alldeles väldigt ljust därinne.

"Du får komma med", sa lilla Toya och tog Lydias hand. "Gubben kan Maris ta hand om."

Gubben var alltså jag, tänkte jag lite förnärmad i min ljusgestalt. Men när jag såg ner på min kropp verkade den helt solid och mänsklig. Förvandling igen. Jag suckade och såg mig omkring och sniffade den behagliga matdoften. Det kurrade i magen, så jag var nog hungrig.

Jag såg inga dörrar. Planläggningen till höger om mig verkade helt öppen. Jag såg bekväma möbler som påminde om jordiska och låga bord och skåp av glas.

"Glo på du bara!" hördes Maris ljusa pojkröst. "Mama vill att ni kommer ut i köket. Lydia är redan där och hon äter!"

De sista orden satte fart på mina fortfarande långa ben. Jag kutade efter grabben och kom in i ett långsträckt, rymligt kök. På vänstra sidan fanns en stor alkov med bord och stolar och där satt Lydia och flinade när hon såg mig. Jag var nära att springa på en kvinna som vänligt stoppade mig.

"Jan, förstår jag!" sa hon. "Jag är de här små busungarnas mama. Vi säger mama eller mo här. Jag förstår att ni båda resenärer är hungriga. Jag var förberedd på er ankomst, så varsågod att ta för dig!"

Kvinnan var lång och lite rundlagd, med ett mycket vackert ansikte och långt, ljust hår.

"Jag heter Gredine förresten! Ni får bo hos oss medan ni är här. Pilgrimen har sänt oss meddelande om er ankomst. Barnen skulle hämta er i dalen, men jag förstår att det bara gjorde er undrande. De är mycket uppsluppna av sig."

Det var det minsta man kunde säga, tänkte jag, men jag log och nickade och satte mig beredvilligt bredvid Lydia. Strax fanns en tallrik på bordet. Den föreföll trots att den var tunn vara tillverkad av sten, skeden var av samma material. På tallriken fanns en rykande varm grönsaksrätt. Veggisar här också, tänkte jag.

På Plejaderna åt man ungefär samma grönsaker som hemma, åtminstone påminde smaken om en blandning av brysselkål och lök och något annat som jag inte kände igen. Det var hemskt gott.

"När ni har ätit färdigt kan ni titta på vår trädgård och vila en stund tills min man kommer hem", sa fru Gredine. "Jag vet att han vill tala med er och säkert också visa er runt här. Vi har små flygare som går lika bra som era bilar men utan att förstöra luften."

Trädgården var ett underverk av välskötthet. Där fanns fruktträd och bärbuskar och trädgårdsland med många sorters grönsaker. Lydia sjönk ner på en liten bänk och stönade:

"Jag blir sjuk av längtan att se det här. Jag älskade att plantera och följa fröets utveckling. Tror du vi får åka runt snart och se lite mer av stan - om det är en stad?"

"Tålamod, kära ängel!" manade jag och satte tänderna i en rund, slät frukt som varken smakade äpple eller päron utan något mitt emellan. Den var söt, saftig och god och utan kärnor. "Odla frukt kan de i alla fall här", muttrade jag.

"Det kan ni väl på Jorden också!" hördes en munter röst och en lång, lite kraftig, blond man dök upp på trädgårdsgången. "Jag är Peanon, Gredines man och Pilgrimens vän. Välkomna, kära ni!"

Peanon verkade vara en utomordentligt trevlig man och det dröjde inte länge förrän vi satt i hans egen farkost – han var ivrig att betona "egen farkost", som liknade svävarna i Agartha. Jag förstod senare att farkosternas utseende varierade väldigt mycket, precis som Jordens bilar.

"Plejaderna består av många långt framskridna galaktiska samhällen som tillsammans formar en briljant kartell av stjärnor", berättade Peanon medan farkosten stilla flöt genom den klara, balsamiska luften. Vi såg tak i fyra delar eller rättare sagt takklädda hus ända tills farkosten sänkte sig ner och landade på en öppen plats.

"Ni befinner er på plejadstjärnan Electra", fortsatte han, "en av de stjärnor ni kallar för de sju systrarna. Vi har inga storstäder som på Jorden, vi föredrar mindre samhällen där de flesta känner varandra och trivs tillsammans. Vår kultur går främst in på att förena konst och logik, vilket säkert är svårt för jordemänniskor att förstå."

"Du kan kalla oss jordänglar", smålog jag och Lydia skrattade högt. Mannen nickade förstående. Han utstrålade ett lugn och en värdighet jag sällan sett så elegant kombinerade med visdom och humor. Plejaderna började verkligen bli en intressant stjärnhop.

12. Ett plejadiskt parlament

Framför oss fanns en byggnad som var större än de andra runt omkring. Men även detta hus hade tak på fyra sidor. Lydia kallade det för tak-kram. Förmodligen var detta en officiell byggnad, takkramen skiftade i olika vackra färger.

"Detta är vår parlamentsbyggnad", förklarade Peanon. "Kalla det för Plejadernas regeringshus, om ni så vill. Här fattas alla beslut och grundas alla lagar och bestämmelser. Och här aktiveras alla medvetandefält som ännu ligger orörda eller oanvända. Här är Plejadernas hjärta. Stig in, mina vänner, stig in."

Vi steg in genom den stora "garageporten" som färgskimrande gled upp och blottade ett inre som lyste så starkt att vi måste hålla för ögonen.

"Ni vänjer er", hördes Peanons lugna röst. "Ni får nu en uppbygglig och välgörande strålning innan ni stiger över tröskeln. Det är nödvändigt för alla besökare."

Lydia trevade efter min hand och jag försökte vidarebefordra min starka trygghet. Jag kände mig faktiskt väldigt trygg i detta ljus, som sökte sig in med kärleksfull värme i hela min kropp, vare sig den var helt mänsklig eller ej. Ett ögonblick i det kosmiska ljuset blev till en sekund av det liv som var jag just nu. Peanon vinkade åt oss att följa med honom och när vi lämnade ljusbomben blev allt nästan som vanligt igen. Om femte dimensionen kan räknas till de vanliga? Jag saknade inte den tredje!

Golv och väggar såg ut som marmor i skiftande grönt och rosa. Jag kan inte uttala mig om materialet på en annan planet, därför får ni nöja er med "såg ut som". Kanske är olika material inte så olika som man tror när man jämför med Jorden. Kanske har alla planeter samma förutsättningar inom geologin som vår jord. Än så länge går det inte att praktiskt bevisa.

Vi kom in i en sal, som antagligen var ett slags kontor. Väggarna var bildskärmar helt igenom - med bilder av varierande slag. De som satt vid de små vackra borden tryckte på knappar på apparater som fanns på alla borden, men som jag aldrig sett förut och som varken liknade datorer eller TV-apparater.

"I det här rummet försiggår all kommunikation med andra planeter", upplyste oss vår guide. "Hela universum finns inom vår räckvidd. Men vi ska gå vidare."

Eftersom jag inte begrep ett dugg av vad jag såg, och inte Lydia heller, lydde vi skyndsamt uppmaningen. Bilderna på väggarna var i färg och en del av dem föreföll kusliga. De visade varelser av okänd art, föga mänskliga. Men alla som satt i salen såg helt mänskliga ut.

Dörrar och fönster såg ut att vara gjorda av glas som hemma, men glaset var inte genomskinligt. Ventilationen var behaglig och man kände sig inte instängd. Vi kom till en korridor med vackra mönster på väggarna och dörrar av det ogenomskinliga glaset. Peanon öppnade en dörr och vi steg in. Där fanns ett långt bord och sju bekväma stolar av ett slag vi inte skulle ställa framför ett bord, nämligen länstolar som gick att ställa in i olika lägen. Peanon ringde på en liten klocka och genast korn en man och en kvinna in i rummet.

Det var också människor, med mycket behagligt utseende, om inte direkt vackra. Jag vill kalla dem medelålders. Båda var smärta, medellånga och med ljust långt hår. Båda hade mörkblå ögon, men de var inte lika till utseendet. Mannen var lite kraftigare än kvinnan och hade yvigt hår, som stod rakt upp över hårfästet, och ett kort skägg.

Kvinnan var lockig och klädd i en silkig klargul, skimrande tunika, medan mannen var klädd i blått. Tydligen var tunikor och pösiga byxor på modet här, tillika med guld- eller silversandaler. Kvinnan hade fantastiska smycken som gjorde att man glömde allt och bara tittade på dem. Omkring halsen, i en tjock flätad guldkedja, hängde en pendel som sken som en liten sol. I öronen glittrade förmodligen diamanter, också de runda. Armarna var täckta av olika sorters armband och hon hade ringar på alla fingrarna. Jag såg nog att hon hade ringar och armband på fötterna också, fastän Lydia knuffade till mig. Det var ett märkligt par, för även mannen hade smycken, dock inte så många och så stora som kvinnans.

"Får jag presentera mina vänner Solia och Solor för jordänglarna Lydia och Jan!" sa Peanon. Båda bugade lätt och vi gjorde likadant. Jag såg att Lydia försökte hålla tillbaka en fnissning vid ordet "jordänglar", men det fick hon vänja sig av med. I det här sammanhanget var det precis vad vi var. "Ni befinner er i ett av de rum där viktiga beslut fattas", fortsatte vår guide. "Vi har flera sådana rum. Vi arbetar i klaner, som får olika uppgifter. När de är lösta samlas alla 12 klanerna för ett gemensamt beslut."

"Det låter enkelt, men tyvärr är det ganska komplicerat", upplyste oss Solor. "Plejadernas Stjärnförbund är väldigt stort, men å andra sidan blir det aldrig några komplikationer när vi väl fattat våra beslut. Vi är nästan alltid fullkomligt eniga."

"Kvinnor och män arbetar tillsammans och respekterar varandra", tillade Solia. "Jag vet att det inte är likadant på Jorden. Men Jorden står snart inför en jättelik förändring och då hoppas vi att kvinnorna blir likvärdiga med männen och att båda könen respekterar varandras olikheter. Vi vet att olikheterna finns och vi finner alltid kompensation för dem båda."

"Kvinnorna föder ju barnen här också, eller hur?" frågade Lydia. Plejadkvinnans leende var varmt och kärleksfullt.

"Javisst, men vi hjälper varandra på alla sätt. Vi vet att sex är något av ett folknöje på Jorden, men så är det inte alls här. Det är något helt naturligt mellan två individer som älskar varandra. Vi bollar inte med det uttrycket som ni. Vi ärar och respekterar det, och man och hustru - som ni kallar det - använder sex för att åstadkomma ättlingar."

"Så ni är gifta med varandra hela livet?" undrade Lydia igen. Solia nickade.

"Vi gifter oss inte som ni", smålog hon. "Det behövs ingen ceremoni. Hör man ihop så gör man det och då vet alla det. Vi använder ordet 'partner' eller 'moatjée' och ibland 'livskamrat' om den vi älskar. Och 'hela livet' är mångtydbart. Vi flaxar inte från den ene till den andre. Får vi problem så finns det bot. Det finns bot för allt som är negativt, för den här planeten är en ljusets planet."

"Puh!" pustade Lydia. "Om det vore så på Jorden ändå."

"Det ska det bli", kommenterade Peanon. "Vi är många som jobbar på det. Där kommer det att hända saker."

Jag, som både är gammalmodig och fritänkare, kände mig lite ambivalent och skyndade att övergå till ett annat ämne.

"Jagar ni här?" frågade jag. "Finns det fina jaktmarker?"

Solor ryckte till och lämnade sin plats vid Solias sida. Han ställde sig framför mig och såg mig rakt in i ögonen.

"Jaga kan ni göra på Jorden?" fräste han argt. "Vi äter varken kött eller fisk. Det finns tillräckligt med frukt och grönsaker i vår bördiga jord för att föda hela Jorden. Det borde ni fundera på."

"Jag har aldrig jagat och jag äter också vegetariskt - när jag är i min fysiska kropp. Annars äter jag inte alls när jag är i min himmelska kropp." Min ton var ganska kylig.

"Förlåt", mumlade Solor. "Jag tog er för människor, men ni är ju andevarelser som kommit hit för att se hur vi lever. Jag ska gärna berätta. Ni har sett hur vi bor och kanske förstår ni att vi lever mycket likt jordemänniskor."

"Som det var förr på Jorden", avbröt jag. "För länge sen. Nu är det något helt annat och väldigt negativt. Det är ju därför vi är här, för att lära människorna på Jorden att leva rätt."

"Har ni inte fängelser?" frågade Lydia. "Begås inga brott här?"

"Det finns inte bara sju stjärnor, så kallade Sjustjärnan, som ni tror på Jorden", svarade Solor. "Plejaderna är många, men brott känner vi inte till. Felsteg kan ske men det råder vi genast bot på. Tjuvar och mördare finns inte här. Det är det som gör er jord så främmande för oss, fastän vi har så väldigt lika natur."

"Straff?" Lydias vanliga envishet åstadkom ett gapskratt hos alla tre plejadmänniskorna.

"Vid svåra straff (som sällan förekommer) skickas syndaren till utkanterna av vår planet för att arbeta med olika tunga, ofta farliga jobb, som t.ex. bergsprängare eller grottarbetare eller sådana som arbetar under havets yta." Det var Solor som svarade. "Men även här finns äventyrliga ungdomar som beger sig ut på farliga uppdrag frivilligt och entusiastiskt. Så länge det går i det positivas tecken så går det bra. Det är det första ett barn får lära sig: att se allt med glada, öppna ögon och låta hjärtat tala."

"Det är klart att alla våra stjärnor, stora och små, lever mycket likartat. Har ni sett en så har ni sett alla." Det var Peanon som återtog ledningen. "Är det något mer ni väldigt gärna vill se?"

"O ja!" Lydia hann före mig. "Jag vill se era skolor!"

Peanon nickade glatt och vi tog farväl av Solor och Solia.

Peanons farkost stod förstås kvar på parkeringen, för här fanns
säkert inga biltjuvar. Vi åkte inte långt och kom till ännu ett
större hus som låg mitt i en trädgård eller park, överfull med
blommande träd, buskar och andra växter. Taken kramades även
på den byggnaden och vår guide öppnade ett "garagetak" precis
som förut. Ett bekant ljud nådde våra öron när vi kom in i en
liknande hall som den i parlamentet. Det var barnröster, ganska
högljudda måste jag säga. Peanon öppnade en dörr och vi kom in
i den konstigaste skolsal jag sett.

13. Skolsystem och levnadssätt

Rummet var stort. Mycket stort. Allt verkade vara i största oordning, som om läraren lyste med sin frånvaro. Jag minns hur det var, men detta var värre. När Lydia och jag stått häpna en stund i dörren för att urskilja något ur oväsendet, blev det plötsligt tyst. Ett tiotal barn, som nyss betett sig som busungar av värsta slag, satt omkring ett runt bord med två lärare, som satt mittemot varandra. Ordning, stillhet och uppmärksamhet rådde. Vacker och behaglig musik strömmade ner från taket och barnen såg ut som på ett gruppfoto, avsett för att sparas och visas upp för barnbarnen. Allt detta på nolltid!

Det var mycket söta barn med stora ögon och långt brunt och blont hår, glänsande raka hårslöjor och lockiga, burriga peruker. Förutom musiken var det nu knäpptyst i salen.

"Hej!" sa Lydia och jag på en gång. Som på ett kommando reste sig alla barnen, bugade sig mot oss och satte sig igen. Sen började de sjunga. Lärarna hade inte tagit någon notis om oss, nu dirigerade de sin lilla kör. Det var himmelskt vackert (det vet ju jag som kom från himlaboningarna).

Sången tystnade och barnen satt kvar stilla och högtidligt, medan de två lärarna, en man och en kvinna, reste sig och hälsade på oss. Jag tackade ivrigt för underhållningen och frågade om undervisningen.

"Vi är alltid två lärare i varje klass", sa den manlige läraren. "Vi studerar olika ämnen varje dag för att det ska vara omväxlande och roligt. När ni kom hade vi en liten paus och då får barnen känna sig fria. Se er omkring!"

Det gjorde vi och det visade sig att väggarna var filmdukar runtom i hela salen. De användes både i undervisande syfte och till nöje. När Lydia frågade varför det bara fanns tio elever svarade lärarinnan att det aldrig fick vara mer i en skolsal. Det var viktigt att barnen kände varandra väl och samsades. De var uppmärksammare när de var få. Mycket av undervisningen försiggick på filmdukarna. Det fanns många klasser utspridda i hela byggnaden men bara en stor gymnastiksal, där barnen fick lära sig olika kroppsrörelsers betydelse och att dansa, samt musikundervisning och sång. Lydia var andlös av förtjusning.

"Så skulle skolorna på Jorden vara", suckade hon. Men jag ville veta något helt annat.

"Hur har ni det med religioner?" frågade jag när vi gick ut från det gigantiska skolpalatset.

"Tror ni på samma gud som vi?" Peanon smålog och nickade sakta.

"Det tror jag", svarade han." Det finns ju bara en gud, så ni kan inte välja någon annan, eller hur?"

"Kyrkor och prästerskap? Påve? Biskopar?" Det var förstås Lydia som var frågvis, Peanon log ännu bredare.

"Vi åker och tittar på hur vår religion fungerar. Ordet religion finns inte här, bara tro." Han gick förbi vår farkost som stod utanför skolan.

"Kom! Ett hus för vår tro finns alldeles nära", sa han och svängde om hörnet. Vi följde efter.

Ett hus som liknade alla andra hus här, med det långa taket i fyra delar ner till marken, visade sig efter en kort promenad. Skillnaden var att huset var vitt och taket var guldskimrande. Några andra vita hus hade vi inte sett här tidigare, så detta var något nytt. Garageporten (som jag envisas att kalla den) for upp och vi kunde gå in. Det hördes musik och vi kom in i en inte alltför stor sal med låga, bekväma stolar och soffor strödda lite här och där. Några ortsbor satt ensamma eller tillsammans medan musiken spelade en utsökt vacker melodi. Jag såg inte något altare men det fanns ett podium längst in, med en hel del musikinstrument, bl.a. något som liknade en stor flygel. Så förmodligen skedde här uppträdanden. Vi slog oss ner i en soffa och Peanon satte sig mitt emot.

Allt var vitt och guld. Väggarna glittrade milt och harmoniskt. Golvet var en spegel, likaså taket. Det gav en egendomlig effekt av overklighet. Peanon talade mycket lågt.

"Det här templet är en samlingsplats för dem som vill meditera en stund, tänka i lugn och ro eller bara slappna av", förklarade han. "Det finns varken påvar eller präster, bara harmoni här. Inga predikningar, bara musik och ibland vacker sång. Vi har en del uppträdanden och små skådespel här också."

"Om man har svåra problem, går man hit då?" Lydia frågade vad jag just tänkte på.

"Javisst. Det finns alltid någon här som kan hjälpa. Även barn kan komma hit. Det här är i stället för er psykvård. Vi har sjukhus, men de arbetar också helt olika mot på Jorden. Healing av olika slag är bättre än piller med biverkningar. Framför allt går det mycket snabbare."

"Om någon dör ändå?" Typisk Lydia-fråga!

"Ingen lever för evigt i denna fysiska verklighet, trots att den är femdimensionell. Vi går över i andra dimensioner när vi är färdiga med denna." Peanon log överseende. "Ni dör på ett annat sätt, men jag tycker vårt är bättre. Vi vet att det inte finns något slut, bara en övergång, och det borde Jordens människor också begripa. Har ni fler frågor?"

Jag lyckades tysta ner Lydia med en skarp blick, så Peanon fortsatte att le och vinkade åt oss att följa med honom. Jag korn att tänka på något:

"Tidningar, har ni sådana?" Jag hade inte sett en affisch på väggarna någonstans eller en bok eller tidning liggande på ett bord. Peanon stannade till.

"Vi har inga tidningar, eftersom nyheter visas på skärmarna ni sett överallt, hela dagen. Men vi har tryckerier som trycker böcker, för här läser folk hellre än ser bilder trots att alla har bildskärmar som är i gång hela dagen. Vi gör läsandet till en högtid, vi älskar att krypa ner i en bekväm soffa eller stol och äta vårt favoritgodis och öppna en bok. Vi har också bokhus, där man kan sitta i lugn och ro och läsa. Det är som era bibliotek. Vi kan också få tag i jordiska böcker där, som översatts till vårt språk. Visst kan vi se på filmer, men inte sådana som ni har gott om, med våld och sex och action. Våra hem är väldigt viktiga för oss, för det är där vi utvecklas."

"Sportar ni inte?" frågade jag. "Tävlar ni i någon slags gren? Fotboll, ridsport?"

"Tävla är ett ord som inte passar här. Det skapar osunda känslor." Peanon lät mycket allvarlig. "Vi har hästar och vissa kameler och lamadjur, lämpade för olika sorts landskap och klimat, som varierar här också. I en del landskap använder vi farkoster liknande den ni åker med mig i. Det finns vilda landskap med vilda djur där det är bäst att vara skyddad."

"Då far ni på safari?" Jag anade en biton av ironi i min jordängels ton. Men så upptogs det inte.

"Vi arbetar för att hålla god kontakt mellan människor

och djur här", var svaret som inte gav tillfälle till nya frågor. Vi lämnade kapellet för att skyndsamt bege oss till vår trogna farkost.

"Det finns tunnlar under hela Jordens yta som man kan färdas i", sa jag när vi satt i farkosten. "Finns det sådana här också?"

"Ja, det finns det på en del av Plejadernas stjärnor", svarade Peanon. "De finns på denna planet därför att det underlättar transporter och går oerhört mycket snabbare än era tåg och lastbilar. I tunnlarna håller man nämligen en hastighet på upp emot 20 000 km i timmen om jag ska försöka tala i jordiska mått. Vi har helt andra mått och - förlåt - en matematik och fysik som är ljusår före er!"

"Du glömmer att vi inte längre är jordevarelser", sa jag vänligt. "Men nu måste vi snart resa vidare till Sirius. Har du något mer att visa oss?"

"Ja, en del som kan vara bra för er att veta. Men det kan vi ta på film, annars blir det för långt för er att åka, även om vi höjer tempot. Låt oss färdas tillbaka till bokhuset, där finns tydliga bilder och förklaringar."

14. Djurliv och havsfolk

Strax satt vi i bokhuset framför en vit vägg. Långsamt övergick den i gröna och blå skiftningar och så kom det en bild.

Först visades ett hus med kramtak och sedan fick vi se hur det såg ut därinne. Fadern i huset satt och snickrade vid en bred bänk, medan sonen stod bredvid och såg på. Modern rörde i en bytta och den lilla dottern lekte med ett litet djur som jag inte vet om det var en ekorre, en fladdermus eller en rävunge. Rubriken på bilden var "Hemmakväll på Electra". Det var ju idylliskt, tänkte jag, men en aning gammalmodigt.

Nästa bild var ett stall eller en lada, eller bådadera, för det var stort och långt och smalt. Vi fick titta inuti byggnaden och det visade sig vara både stall och lada. Det fanns små hästar, ungefär som våra ponnyer, men kraftigare. De hade yviga svansar och grova, lurviga ben. Peanon vände försiktigt på en av dem och jag häpnade över den lilla hästens uttryck. Den verkade oerhört intelligent, med stora bruna ögon och en man som gick runt hela huvudet.

"Man får klippa de här manarna ganska ofta", förklarade Peanon, "men visst har de vackra nosar?"

Lydia var redan där och smekte nosen på djuret. Den drog upp och rynkade sin nos så det föreföll som ett leende.

"Han gillar dig", smålog Peanon. "Men vi måste vidare, för här finns inte bara små hästar. De är oerhört starka, de små bestarna, och vi använder dem både i jordbruket och till att dra vagnar av olika slag. Om man till exempel vill åka någonstans så kallar man på en sådan här som är för oss vad ni kallar taxi."

"Men ni har ju flygare", invände Lydia.

"Ibland använder vi även hästar, det beror på var vi bor och vad vi är vana vid", svarade Peanon och gav hästen något som såg ut som ett bröd. Därefter fortsatte vi. Det var långa rader av små hästar i olika färger. En del var faktiskt blåskimrande. Större hästar såg vi inte.

Vi klev över i ett nytt hus i längan, som tycktes vara väldigt lång. Där fanns mjölkkor som inte liknade våra så värst mycket.

Det luktade rena mejeriet på ena sidan, på den andra förekom ingen mjölkning.

"Vi ser till att kalvarna får den mjölk .de behöver så länge som möjligt", förklarade Peanon. Överallt fanns det folk som skötte om boskapen. Alla smålog vänligt mot oss och vi smålog tillbaka. "Den mjölk som blir över används enbart till bak och matlagning i en form som liknar er yoghurt. Sådan finns både naturlig och smaksatt."

"Så ni bakar som vi och tillsätter mjöl och jäst och smakämnen?" Det var Lydia igen.

"Baka är universellt", smålog Peanon. "Att raffinera säden förekommer däremot inte. Vi mal den och det får räcka. Vi använder jäst i baket, ja. Alla djur måste ha föda och djurbröd förekommer till de flesta raser. Vi har getter och får också, men de går mestadels fritt i bergen här runtomkring. De lyssnar dock på våra signaler och skyndar till oss om vi låter angelägna.

Alla djur som är i människans tjänst är väldigt kloka och tillgivna. I hemmen har vi inte hundar och katter som ni, utan andra tamdjur, som t.ex. vargar och vattenuttrar eller landuttrar." Förmodligen såg han min undrande min och skrattade till.

"Jag har bott på Jorden under en period av mitt liv", förklarade han, "därför är jag lämpad som ciceron åt, som i ert fall, exjordingar. Om ni undrar hur jag trivdes vill jag ärligen säga att en vackrare planet finns nästan inte, men den är också den ondaste. Människorna på Jorden måste få ett uppvaknande. De goda måste lära de onda eller skicka bort dem. Lita på att det snart kommer!"

"Vi talade om tamdjur", påpekade Lydia.

"Ja, det finns faktiskt hundliknande djur, både stora och väldigt små, och katter som faktiskt liknar era katter. Men vi har inget överdåd av raser som ni. Vi håller oss till det naturliga och experimenterar inte med våra gosedjur. Vi äter faktiskt fisk, det har vi ett överflöd av och här finns fiskare som trivs med att ha det som yrke."

"Jag har alldeles glömt att fråga om er sjöfart!" utropade jag. "Finns det båtar här?" Den här gången var svaret ett klingande skratt. Bakom Peanon hade pojken Maris dykt upp från ingenstans, och han slog sig på knäna av förtjusning.

"Ska vi ta ut dem på havet innan de reser till Sirius?"

frågade han vår guide.

"Visst har vi hav, det här är en vattenplanet med nästan för mycket vatten", svarade Peanon. Och så kom det sig att jag efter en kort stund befann mig på havet med Peanon och Maris, medan Lydia snabbt transporterades hem till Gredine och en väntande måltid.

Segelbåtar var tydligen vanligast här. Jag fördes till hamnen och den var inte liten, Den var proppad med segelbåtar, men det fanns också båtar som säkert inte hade någon motor utan gick på nollpunktsenergi, vilket är den enda energi som används på Plejaderna och även på andra planeter. Hela vårt universum består av nollpunktsenergi, vilket jordiska vetenskapsmän har svårt att acceptera. (Se vidare bilagan om nollpunktsenergi)

Det blev emellertid en härlig båttur med en i mitt tycke ganska normal segelbåt. Havet skimrade mer än det gör på Jorden och färgerna varierade som i regnbågen. Det kändes inte konstigt alls, men däremot kändes det lite underligt när ett väsen dök upp ur havet, simmade med oss och till slut svingade sig över relingen och pratade med Peanon och Maris på ett helt främmande språk. Varelsen hade en mänsklig kropp så när som på benen, som var sammanvuxna till en fiskstjärt. Den - för jag vet inte vilket kön den hade - skiftade i blågrönt i huden, som var klädd med fiskfjäll förutom ansiktet, som var mänskligt men hade utstående ögon och bred mun, medan näsan var väldigt rudimentär.

"Han tillhör havsfolket", viskade Maris, som såg min förvirring. Sjöjungfrur hade jag läst om men aldrig ett helt havsfolk. Jag såg att han hade gälar där öronen skulle sitta och det såg konstigt ut! Det var absolut den märkligaste händelsen hittills, men tydligen var havsfolket vänligt inställt. Peanon och den fisklike mannen pratade väldigt ivrigt och till slut kom fiskmannen till mig och smålog vänligt.

"Är du från Jorden, där till och med haven förgiftas?" frågade han på ett språk som jag förstod. Jag skakade på huvudet och försökte förklara att jag kom från de övre sfärerna, vilket jag inte vet om han begrep. Jag förklarade dessutom att hans folk inte fanns på Jorden, utom i sagorna. Då skrattade han gott och ropade något över vågorna bakom båten. Genast dök det upp en ny mänsklig gestalt med fiskstjärt och bara, ganska kraftiga fjälltäckta bröst. En havskvinna! Hon kom fram till mig och gav mig en blöt smekning på kinden. Det här gick lite över min horisont, jag hade ingen aning om att det fanns havsfolk på Plejaderna. Kanske det fanns troll och annat sagofolk i skogarna också?

"Ni har myter om havsfolket, i varje fall om sjöjungfrur", sa Peanon när det märkliga havsparet dykt tillbaka i vågorna. "Det är nog så, min käre Jan, att varje myt har ett ursprung. De uppstår inte ur en enda människas fantasi, de har mer bakom sig än jordemänniskorna anar eller kanske ens vill veta. Det är klart att människorna har byggt på legenderna och förändrat andra folkslag till något annat än de är, gett dem trollkraft och andra seder och förmågor, men även hatfulla egenskaper som inte alls passar in där. Men nu tror jag att god mat väntar hemma hos oss innan du och Lydia lämnar oss för Sirius."

Vi vände stäven hemåt och vinden var med oss.

15. Äntligen är vi på Sirius B

Mariana Stjerna har upplevt besök på Sirius B som en verklighet. Det var ingen dröm och heller ingen vision. Det är helt enkelt ett minne som hon har haft sen hon var barn och hon försöker här att återge besöket så exakt hon kan. Det är fortfarande lika levande för henne. Hon återkommer ofta till stigen med kristallgrus och hon har ständig kontakt med Aranis.

Jag stod åter på okänd mark med ett känt huvud som borrade in näsan i min axel och en känd röst som kved:

"Får jag titta upp nu? Jag kan faktiskt inte knipa ihop ögonen längre."

"Vi har landat nu, Lydia! Du kan öppna ögonen, vi står uppe på ett berg." Jag hade hunnit se mig om och nu släppte jag taget om den smala midjan som nästan fick plats i mina händer. Min änglavän gnuggade ögonen och skuttade runt på bergknallen.

"Är det här Sirius?" Hon dolde inte besvikelsen i sin röst. "Samma berg, samma träd, samma mossa, fast kanske lite mer varierad i färgen och med skära och vita små blommor. Så söta de är, som små stjärnor!"

"Titta ordentligt, Lydia! Det här är bara en landningsplats, förmodligen för UFO:s fast det är tomt nu. Där borta är ett staket och här ser det ut att vara någon slags ingång från platån. Vi går dit och tittar!"

Det var mörkt och skuggigt längre bort bakom staketet. Solen lyste vänligt på den lite fuktiga marken och på den bergsavsats som syntes nära oss, Avsatsen var insprängd i berget som reste sig ganska högt ovanför oss. Vad jag hade upptäckt var en trappa som gick en liten bit ner och stannade vid en hiss. Det kunde bara vara en hiss, konstaterade jag, eftersom den helt enkelt liknade en alldeles jordisk hiss. Den stod öppen och lyste med ett starkt sken. Jag drog med mig Lydia in i hissen och visste inte hur vi skulle göra eftersom jag inte såg några knappar. Men jag hann inte tänka tanken till slut förrän en dörr för igen bakom oss och hissen började sjunka som hissar brukar göra, stilla och lugnt.

Pong, så stannade den. En osynlig dörr gled upp och vi

stod på ytterligare en platå, mycket lägre och av helt annat slag. Vi var ute i ett soligt, underbart vackert landskap. Det första vi såg var en kristallbeströdd väg som slingrade sig och försvann i en krok åt vänster en bra bit bort.

Vägen glittrade och sken så det gjorde ont i ögonen och man måste vänja sig vid det nya, starka men på intet sätt obehagliga ljuset. Sakta började vi gå på kristallvägen. Båda hade vi tunna, lätta sandaler, ändå kändes det som ett helgerån att beträda det skinande gruset. På höger sida om vägen sluttade det neråt, inte i ett dike utan det var berget vi varit på och tydligen gick på som buktade ut i egendomliga konvexa linser, som kunde vara fönster. Nedanför brusade den blåaste älv jag har sett och på andra sidan om den sträckte en grönklädd bergssida upp sin nos som ett jättedjur som kämpade sig upp i luften, upp i det blå.

När vi tittade framåt såg vi att någon kom vandrande mycket snabbt emot oss. Det var en lång ung man. Han smålog och vinkade med båda armarna. Han var ljushårig, med rakt hår som föll som en glänsande gardin till hans axlar. Hans ansikte var som skulpterat av en grekisk konstnär och kroppen såg smidig och muskulös ut. Han var klädd i vitt: byxor och skjorta och en kort cape med emblem i guld på axlarna. Han rusade fram till oss och omfamnade oss båda.

"Välkomna till Sirius, höga andar!" utropade han. "Vi har fått besked om er ankomst och ert uppdrag. Här går det inte att ha några hemligheter!" Han skrattade till. "Ni går på vägen till de hängande terrassernas stad. Här ser ni på höger sida Nymfberget med sina runda fönster. Där innanför har vetenskapsmän och uppfinnare sina arbetslokaler. På vänster sida är de blå hästarnas äng - som ni ser."

Till vår häpnad såg vi just precis blåglänsande hästar. Det fanns små och lite större djur och de galopperade omkring på en jätteäng. Vänster sida om vägen täcktes av låga buskage med blommande buskar. Fjärilar och bin, ungefär en halv gång större än våra hederliga svenska, surrade omkring och drack nektar från de stora, vackra, orkidéliknande växterna. Växtligheten var enastående yppig men den begränsades tydligt av ängen, som verkade vara som en vanlig äng, förutom att gräset skiftade i olika färger precis som den låga växtligheten.

Vi tog hungrigt in den fantastiska skönheten i detta

ovanliga landskap, när vägen plötsligt svängde och vi stod inför ett panorama som vi inte trodde var sant.

"Jag heter Aranis och jag stannar med er så länge ni är här", sa den unge mannen. "Nu ser ni tydligare den hängande staden framför er. Nedanför den finns älven, som så småningom övergår i havet. Staden är byggd på terrasser."

Det är svårt att beskriva denna hängande stad. Bakom den, som en vägg, reste sig en jätteklippa som liknade en slags stöd för terrassernas yppiga bebyggelse, som såg ut att störta rakt ner i älven.

Det var som en brant och bred jättetrappa där varje trappsteg bestod av en praktfull växtlighet. Intill trappans vägg fanns boningshusen, som trots sin liknande konstruktion var ytterst olika. En del hade raka tak, andra sluttande, andra kupolformade. Det ena skämde inte det andra, de utgjorde tillsammans en fantastiskt vacker vy. Längst ner fanns en liten båthamn (i stället för parkeringsplats!) med båtar i olika kulörer och utformning. Det var antingen segelbåtar - en del hade mångfärgade segel eller också drevs de med för oss okänd energi, antagligen nollpunktsenergi. Det var tydligen den vanligaste energin på andra planeter.

Lydia och jag vandrade tätt efter Aranis. Så länge hade jag aldrig hört Lydia tiga! Hon var helt uppslukad av det hon såg. På terrasserna fanns människor. Vi såg dem inte på nära håll, men de såg vackra och välväxta ut och verkade glada. Vi kunde höra sång och musik och Lydia kunde inte avhålla sig från några danssteg. Aranis smålog mot henne.

"Tycker du om att dansa?" frågade han. "Då kan du få ditt lystmäte här på Sirius. Hela planeten är fylld av sång, dans och musik."

"Vad lever ni på då?" undrade Lydia förvånad.

"Vi precipiterar allt vi behöver", svarade Aranis, fortfarande leende. "Det vill säga att vi skapar fram det med våra tankar. Det får vi lära oss från det vi föds. Då behövs varken pengar eller banker eller ens butiker. Ingen behöver vara avundsjuk på någon annan, alla har vad de behöver och själva kan skapa fram."

"Onödig fråga", inflikade jag, "är ni vegetarianer?"

"Naturligtvis." Aranis var en aning förvånad. "Är inte ni det? Och vi skapar fram vår mat. Men här lever många olika folkslag. De flesta kan själva skapa, men det finns några som inte lärt sig det. De får gå i skola tills de kan."

"Ska vi gå in i stan?" frågade Lydia. Vi stod alldeles vid en hög stadsport som glimmade och sken av något som såg ut som silver och stenar som liknade tegelstenar av glas.

"Inte glas!" skrattade Aranis, som tydligen var en glad gosse som kunde läsa tankar. "De är gjorda av bergkristall, som lyser så grant i solen. Men vi fortsätter till inlandstemplet, så tar vi stan och klipptemplet sedan. "Där är ingen föreställning förrän i kväll och då måste vi genom stan för att åka båt till templet. Kom nu!"

Ogärna lämnade vi den gnistrande stadsporten och följde vår nyvunne vän på det solglittrande gruset. Än hade vi inte sett någon farkost, men å andra sidan kändes det enkelt att gå här, varje steg blev mjukt och lätt och förde en lång bit framåt.

"Jag känner mig som en känguru!" pep Lydia och sträckte sig efter min hand. Genast var Aranis där och grep hennes hand och så svävade hon mellan oss som ett vasstrå i västanvind. Men vi hann i alla fall se oss omkring på växtligheten som kantade kristallvägen.

En lång stund såg vi de blå hästarna i sin hage. De löpte runt i yr galopp och frustade och skriade så att fukten stod som kvastar av glittrande pärlor från deras andedräkt. Det var glada hästar som hade det bra, tänkte jag. Plötsligt tog hästhagen slut. På vänster sida fanns skog, gles och skir som en sommarnattsdröm. Mitt framför oss var en hög kulle med smala trappsteg inhuggna i jorden, som var bevuxen med mossa och lågt gräs. Höjde man blicken så såg man templet högst däruppe: runt, skimrande i guld och vitt och med utsirade pelare omkring sig. Så vackert, så vackert!

16. Samtal med en vis man

Vi gick in och höll varandra i handen alla tre. Aranis gick i mitten, han var vårt stöd. Utan honom vore allt en stor, okänd labyrint. Hans ljusa, smärta uppenbarelse med glada, spelande, klarblå ögon kunde inte skrämma någon.

Vi kom in i en rund hall med vackert utsirade väggar. I mitten fanns en spiraltrappa som ledde till en övervåning, där en öppen balustrad visade att det fanns nio dörrar. Det slog mig att jag sett något liknande förut under vår resa. Heliga tempel kanske var utförda på liknande sätt på fler planeter. De flesta - såvitt jag förstod - tillbad ju samme Gud: den Ende, Urkällan till all skapelse. Då måste samma atmosfär, samma luft andas av samma sorts lungor, samma känslor prägla samma hjärtan och samma Kärlek spridas från en och alla varelser. Så tänkte jag.

Aranis såg mig djupt in i ögonen.

"Du förstår!" sa han. "Här finns bara sådana som förstår och när de samlas blir förståelsen till ett stackato som hörs över hela Universum. Följ mig!"

Det blev spiraltrappan som förde oss till övervåningen. När vi ställde oss på den for den upp och vi var däruppe på mindre än en sekund.

Aranis öppnade en av de nio dörrarna och tecknade åt oss att stiga in. Jag nästan ryggade tillbaka, för rummet var så fullt av böcker, pärmar och bokrullar att det föreföll ramla över en. Mitt i travarna av böcker fanns ett brett, guldgult bord och en liten man satt vid ena änden, fördjupad i något som föreföll vara en karta. Aranis gick fram till honom och knackade honom försiktigt på axeln.

"Mäster Ponteos, stig upp från bärnstensbordet! Vi har gäster från de övre dimensionerna, Jan och Lydia, med hälsningar från den Ende!"

Den lille mannen for upp som skjuten ur en kanon och stirrade mer eller mindre förvirrad på oss. Han var visserligen liten till växten, men ändå vilade något storslaget över honom. Hans hjässa var kal, så när som på några långa vita testar som hängde omkring den. Skägget var också glest och hängde vitt och lite solkigt ända ner på hans runda mage. Hans ögon var bärnstensfärgade som bordet och han hade en smal mun, med uppdragna mungipor, som såg ut att ständigt småle. Han såg från den ene till den andre, sen tog han båda mina händer och blottade en rad jämna, vita tänder i ett stort grin.

"Välkomna gott folk, välkomna!" utstötte han med guttural stämma och skakade mina händer så kraftigt att jag trodde de skulle gå av vid handleden. Därefter vände han sig mot Lydia och bugade så djupt att hjässan vidrörde golvet.

"Vackra fru, var välkommen i mitt enkla tjäll!" sa han lågt. Sen lade han armarna över bröstet och tittade från den ena till den andra. "Och vad förlänar mig den stora äran av så celebert besök?" frågade han högt med en helt annan röst, som lät klar och koncis. Aranis tog till orda innan jag hann svara honom.

"Det här paret är skickade från Himlen för att ta reda på hur vi har det på Sirius, ers nåd!" sa han och bugade artigt. Det var som en scen från en 1700-talspjäs. Den gamle var klädd i pösiga knäbyxor av brokig guldbrokad, och över dem bar han en gul skjorta med krås och en väst som skimrade som guld, fastän den i sanningens namn såg väldigt begagnad ut. De svarta smala sidenskorna med lätt uppåtsträvande tåhättor var ganska trasiga på sina ställen. Vad var detta för en gammal stofil?

"Jag är alltänkaren, allvetaren och allkunnaren Ponteos. Jag är också veteransiare och mig har försports genom min solära vän här att ett par från högsta håll skulle besöka mig snarast. Det måste vara ni, se här!" Snabbt rotade han fram en stor kristallkula som befann sig under ett lager av dokument. Det var nog den som var den solära vännen, tänkte jag. Lydia teg fortfarande men smålog hult och iakttog ingående den gamle mannens åtgärder. Han la sina händer på kristallkulan, efter att ha blåst bort en hel del damm från ytan.

"Jag har alla böcker som finns på Jorden och på andra planeter", fortsatte han, "och de som inte finns här får jag fram i min solära vän, som talar om för mig allt jag vill veta och lite till." Vi såg hur hela ytan på den stora kulan krusade sig, mörknade och genomfors av blixtrande strålar som slutade med att visa stjärnhimlen - eller en del av den - där Sirius lyste klarast. Gubben fnös till och gnällde:

"Jorden syns inte ens. Kära nån då, kan förvandlingen redan ha börjat? Ni vet väl att er älskade jord går mot en stor förändring från utan till innan, eller kanske jag ska säga tvärtom?" Han gnäggade till.

"Vi kom till dig för att få veta lite mer om Jorden, mäster Ponteos", avbröt Aranis. "Vi vet redan att Jorden är i blickpunkten för hela den Galaktiska Federationen. Vi vet att något stort ska hända där. Vi vet att Moder Jords smärta är outhärdlig och måste åtgärdas. Vi vet att Himlen deltar i de nödvändiga förändringarna. Vi vill inte veta mer om de mörka kabalernas gärningar, som jordemänniskorna redan är hårt ansatta av. Vi vill veta om Ljusets inträde, om räddningen och förnyelsen som kommer att ske.

Rymden ovanför Jorden är fylld av härar från Ljusets och Kärlekens planeter, som febrilt förbereder sig på att bistå människorna med råd och hjälp i de orostider som närmar sig. Det är det stora kosmiska slaget om Ondskans försvinnande från jordemänniskornas regioner som väntar. Ashtarkommandot och Alfaskeppen och många fler väntar på att rädda de rättrådiga. Det är en oerhörd, oberäknelig och för människorna oväntad förändring som ska ske för att visa Jorden vår existens och vårt deltagande. Vi kommer att möta mycket fruktan."

"På varje planet, men även inifrån Jorden har vi mött samma framtidsvision", sa jag. "Vad kan ni göra härifrån för att hjälpa Jordens människor?"

"Mycket!" utropade den gamle. "Ni anar inte så mycket vi förbereder från alla konstellationer i Siriuskomplexet. Ni ska få se hur vi har det på Sirius för att förstå hur er Jord kan utvecklas med de rätta tankarna om Kärlek och Rättvisa. Detta Universum är stort, om också inte det största. Men vi kan, vi orkar och vi vill! Ni kom kanske till mig för att höra just de orden."

"Hur ska vi få folk att rena sina tankar?" frågade Lydia. "Så många försök har gjorts och vi finns ju inte ens på Jorden längre. Vi kan inte påverka någon att vakta på sina tankar. Barnen störs av för mycket elände för att tänka på något annat än sig själva och använda hat och hämnd där de tycker det behövs. Det är vad de får lära sig i många länder. De tror att Gud är en sträng domare som straffar och ogillar. Hur kan vi ändra på det?"

"Det kan vi." Ponteos lät mycket bestämd. "Nya lärare

kommer att utbildas och det pågår redan. Förändringarna blir
så omstörtande att all tvekan faller bort. Ni har kommit hit för
att se att Sirius har både befogenhet och förmåga till kärleksfulla
underverk. Följ med min unge vän Aranis så får ni se mer
ingående hur vi har det. Jag kan sitta hur länge som helst och
berätta för er hur det kommer att bli, men det är ingen bra idé.
Farväl, höga budbärare och ta med er min välsignade
kärlekshälsning tillbaka till Himlen."

Den lustige gamle mannen gjorde en kort bugning för Lydia
och så för mig. Därefter återvände han till sin dammiga studievrå
och föreföll genast upptagen med att läsa i dokumenten. Aranis
vinkade åt oss att följa med honom. Audiensen var slut.

17. På väg till delfinfolket

"Vi har varit hos detta Universums visaste man", sa Aranis när vi tagit oss ner för spiraltrappan igen.

"Det var en kort visit", invände Lydia. "Och det var inga nyheter heller."

"Finns det några nyheter i denna viktiga fråga?" undrade Aranis. "Kanske ni tycker det när vi har varit runt på de platser jag ska visa er."

Jag kastade en undrande blick på de återstående åtta dörrarna och Aranis brast i skratt.

"Nej, Jan, vi besöker inte fler visa män här och nu. Vi ska hälsa på hos delfinerna. De har sitt huvudsäte på andra sidan om Storberget. Sjövägen är närmast. Då måste vi åka med en speciell farkost."

Vi hade hunnit ut ur den magnifika porten och Aranis visslade i en liten guldglänsande pipa. Jag tyckte att det var gammalmodigt att använda visselpipor, men jag hann inte tänka tanken färdigt förrän det stod där ett skepp. Och vilken farkost! Den var inte lik en liten bil eller båt. Den såg faktiskt ut som ett litet UFO, en uppochnedvänd tallrik med plant underrede, där det fanns både propeller och andra nerhängande manicker som jag inte förstod mig på.

"Det är för landningen förstås", kommenterade Lydia kallt och klättrade upp på den stege som fälldes ut från mackapären, Jag följde förstås efter. Aranis var redan uppe och trappan firades upp igen. En dörr stängdes snabbt bakom oss och vi kom in i något som liknade en trivsam, välinredd flygkabin. Utan att ägna mig en blick satte sig Lydia längst fram vid ett fönster. Jag satte mig vid fönstret på motstående sida. Efter en mycket snabb och tyst färd hörde vi vatten skvalpa mot farkostens sidor. Aranis kom med två huvudbonader, en sorts hjälmar med gälar.

"Vi ska vistas under havsytan och inne i vakuumrum och därför behöver ni de här som är försedda med allt ni behöver för er andning på obestämd tid."

"Ska vi vara länge hos firrarna?" frågade Lydia med ett litet skratt. Men då blev jag tvärarg.

"Nu får du uppföra dig", röt jag. "Delfiner är inte fiskar, de är mer människolika än människorna själva! Jag är överlycklig över att få komma dit, det är det mest spännande på hela den här resan."

Aranis, som hittills stått tyst och åhört vår dispyt, tillfogade leende:

"De är ett folk precis som vi är ett folk, och båda bor vi på Sirius. Vi betraktar delfinerna som våra bröder. Deras område kan vara fuktigt och därför behöver ni hjälmarna så att ni hör vad de säger och så är era öron skyddade. Finare folk än detta får man leta efter, Lydia. De är annorlunda, men ni har många annorlunda folkslag på Jorden och på andra planeter, det är ju det ni ska lära er på er resa. Det är inte hudfärg, utseende eller tal som utgör mänskligt beteende, det är det inre jaget som är avgörande."

"Förlåt", var allt vad Lydia sa.

Vår färd kändes inte, märktes inte, och jag blev förvånad när jag hörde ett stilla dunk och Aranis, som suttit längst fram vid något slags instrumentbord, reste sig upp och förkunnade att vi var framme. Den inåtlutande dörren slogs upp och vi tog på oss hjälmarna. Vi klev ut på en ganska hal algbana, rakt ut i ett grönt, liksom simmande sken. Vi befann oss på en havsbotten eller kanske ett korallrev, för små berg av koraller fanns överallt omkring oss.

Aranis blåste en kort signal och så försvann vår farkost. Vår guide var också iförd en slags dykarhjälm som liknade vår. När jag rörde vid hans arm så kändes han inte alls våt. Lydia grep tag i min ärm och jag hörde henne förvånad utropa att jag var torr. Det fanns tydligen öron i hjälmen!

Aranis visade som vanligt vägen, den här gången svävade vi i vattenväxter och ett blågrönt ljus omgav oss.

"Ljuset är så här både hos delfinerna och hos havsfolket", sa Aranis. Det gick bra att prata genom hjälmarna, men hur vet jag inte. Vi pratade bara som vanligt och hörde varandras röster. Havsfolket, tänkte jag. Vad menar han med det?

"Han menar förstås amfibiemänniskorna, de där som regerades av Oannes och som dogonerna, ett afrikanskt folkslag i sydöstra Mali, har upptecknat på klippväggarna sedan amfibierna från Sirius besökte dem", sa Lydia i ett andetag som kom henne att börja hosta. Aranis sa åt henne att vara tyst och så tryckte han på en knapp så hon fick mera luft att andas.

"Ni slipper ha det så här när vi kommer fram", tröstade Aranis oss. "Ni är ovana vid de här hjälmarna och Lydia har nog inte tryckt på rätt knapp för att förnya syret. Jag visade det när ni satte på dem, men jag förstår att detta är väldigt spännande och lite utanför Änglarnas vanliga befogenheter."

Här följde ett lågt skratt, sedan fortsatte han: "Jag trodde ni visste allt om amfibiefolket, särskilt som Mariana Stjerna berättat sin fullkomligt vakna och fysiska berättelse om en av dem."

"Inte för mig!" utropade munnen i Lydias hjälm. "Kan vi få höra den innan vi kommer fram?"

"Okej, jag ska be henne", sa jag och så kom det sig att vi blev stående i tång och sjögräs medan vi gjorde en paus så att Mariana kunde berätta.

18. Marianas nattliga amfibiebesök

Nu är jag (väldigt) gammal men följande händelse, som var fullkomligt fysiskt verklig för mig, hände i de övre tonåren, när jag var arton-nitton år, alltså på 1940-talet.

Jag sov i mitt rum i föräldrahemmet på Björkhagen i Stocksund. Halva min säng stod med fotändan en liten bit utanför en alkov. Jag var mycket kokett på den tiden (också enligt Janne) och hade satt papiljotter i håret.

Jag vaknade plötsligt och satte mig upp i sängen. Ett underligt ljussken in från dörren som gick ut till en hall på övervåningen. Någon som förde med sig ljuset klev in genom dörren, raka vägen till fotändan av min säng. Jag stirrade och såg tydligt en mycket lång man stå med ett ben på var sida av sängen. Oj, så lång och stor han var! Han var alldeles fjällig ända upp till halsen. Fiskfjällen skiftade i grönt och ovanför dem fanns ett människoansikte.

Han hade rak bred näsa, stora mörka ögon och en vanlig människomun. Jag kan ännu se honom framför mig, för jag har aldrig sett och känt så oerhörd kärlek utstråla från någon förr. Halvt i trance tog jag ur papiljotterna och la dem på nattduksbordet, som ett bevis på att han var där. Han smålog och klev rakt över sängens fotända fram till fönstret och försvann ut genom det.

Följande morgon låg papiljotterna på nattduksbordet och minnet av amfibiemannen (det visste jag inte då att han var) har aldrig lämnat mig. Nedanför vår villa låg Edsviken och jag såg för min inre blick att han försvann i den. Men hur? Det, återstår fortfarande att ta reda på. Papiljotterna var ett tydligt bevis, så jag tänkte klart och vaket under denna händelse. Men varför hände det mig? För att jag skulle berätta det här och nu kanske?

Det är inte den enda "övernaturliga" upplevelsen jag haft, fast ingen har velat tro mig trots att jag berättat sanningen. Men hu så hemskt ifall sanningen är att det sker övernaturliga saker ibland! Så resonerar många. Det var likadant då som nu: Alltför få tar till sig att Jorden innehåller både det vi ser och det vi inte ser med våra fysiska ögon. En dag kommer bevisen att träda fram

så självklara att människorna skäms för att de vägrat tro.

19. I delfinernas samhälle

Tillbaka till Jans och Lydias besök hos amfibier och delfiner. "Vi tar delfinerna först! Vi är framme hos dem!" ropade Aranis. "När vi kommer in dit kan ni ta av er hjälmarna. Följ bara efter mig!"

Någon slags port eller öppning fanns där tydligen, eftersom Aranis snabbt slank igenom, tätt följd av Lydia och mig. Vi befann oss i en stor, blåaktig sal.

Vi tog av oss hjälmarna och la dem på en pall som Aranis pekade på. Vi andades friskt och lätt. Runt omkring oss rådde febril verksamhet. Delfiner i stort antal simmade runt oss i någon slags atmosfär som varken var luft eller vatten utan tydligen "delfinosfär". Vi andades utmärkt där. Aranis hälsade åt höger och vänster, en del delfiner pussade han på nosen, andra klappade han bara. Ett sorl som måste vara delfinernas samtal med varandra susade runt oss.

Det fanns tydligen en sal innanför salen. Vi gick-simmade-svävade ditin.

Som ni vet är delfiner stora varelser. Vi kände oss väldigt små i de här salarna, men vi var omgivna av en vänlighet som kändes ända in i hjärtat. Vi passerade en sal som tydligen var en slags lekskola för små delfiner. Det var roligt att se dessa "små" krabater som lydigt lät sig ledas av en mastodontisk skapelse, tydligen en lärare. Det fanns en del instrument i rummet som jag absolut inte kunde tyda - och det kanske jag inte skulle heller. Aranis manade på oss att fortsätta. I nästa rum fanns tydligen delfinpoliserna - eller vad ska jag kalla dem? Aranis förklarade saken för oss:

"De delfiner som sänds ner till Jorden kan gå ett fruktansvärt öde till mötes. Det vet ni nog? De utbildar en slags poliser och ordningsvakter som ska hjälpa dem att bistå människor på olika sätt, men även vakta på varandra. Det finns så mycket fällor. En del delfiner utsätter sig för det onda som en slags martyrer. Vissa människor är väldigt onda och brutala och delfinerna, som är alltigenom goda varelser, måste utstå mycket lidande, särskilt från några folk på norra halvklotet.

Delfinpoliserna har ingen chans i sådana fall. Många av

dem utstår frivilligt tortyr och död för att kunna ledsaga sina kamrater hem till Sirius B igen. Väl hemma får både sjuka och dödade delfiner genomgå en fantastisk healingprocess. Det är något som hör till deras specialiteter.

Här lever delfinerna familjeliv. De hör ihop med varandra så länge de lever. Vi såg flera familjer som höll ihop. Mödrarna verkade kärleksfullt beskyddande och delfinbarnen lekte med ostyriga simhopp nära de kära. Familjemedlemmarna pratade med varandra med olika ljud, som förmodligen var ett riktigt språk, delfinspråket.

Aranis ledde oss vidare genom blåskimrande grottor och vi kom till ett sjukhus. Där fanns förstås inga sängar, men de sjuka och sårade delfinerna låg på mjuka mattor av sjögräs och behandlades, som det tycktes, både kunnigt och effektivt av andra, friska delfiner. Aranis förklarade att alla vuxna delfiner var helare, det fick de lära sig från barndomen.

"Vem styr delfinerna?" frågade fröken Frågvis, Lydia.

"Vi är på väg dit", var Aranis svar. Och vi gick (simmade, svävade) in i en annorlunda sal jämfört med de övriga.

"Delfinerna är så välorganiserade att man förstår att de varken är människor eller djur. Låt oss kalla dem högre utvecklade varelser. "Aranis lät riktigt vördnadsfull och så kände jag det också när jag såg prakten i den nya salen. Prakten och den perfekta ordningen. Allt var ordnat i cirklar. I den innersta cirkeln satt (eller låg) två mycket stora och kraftiga delfiner, den ena något mindre än den andre.

"Vårt kungapar!" presenterade vår ciceron och paret i mitten hoppade till när de såg oss. De vinkade med fenorna och skrattade brett. Delfiner kan skratta och de är verkligen beviset på den enorma allkärlek som råder i deras rike. De ropade något gutturalt till Aranis medan kungaparets närmaste medlemmar särade på sig så det blev en gång mellan dem. Aranis vinkade åt oss att följa med honom till dem och det gjorde vi förstås. Kungaparet hade massor av juveler hängande runt halsen och huvudet. Det såg förstås lite fjolligt ut, tänkte jag dumt nog. Aranis läste mina tankar, men han smålog lite ursäktande.

"På något sätt måste folkets styresmän utmärkas", viskade han till mig. "Det är så här de vill ha det åtminstone vid högtider. De firar en sådan idag. Högtiden är att ni har kommit från högre riken för att besöka dem. Här är allt väldigt demokratiskt. Så småle och vinka och buga är ni snälla!" Det gjorde vi. Det satt säkert ett femtiotal delfiner omkring kungaparet. Aranis förklarade att det var rådsmännen. De löste alla problem tillsammans utan att någonsin bli oense.

Drottningen reste sig och "gick" fram till Lydia, böjde sig ner och smekte henne med nosen. Blixtsnabbt sträckte Lydia sig på tå och besvarade smekningen med små pussar och klappar så gott hon kunde när hon försökte räcka upp till det stora huvudet. Lydia var alltid snar att visa sin kärlek. Jag var lite mer återhållsam - eller snorkig, som Lydia kallade mig. Tyvärr kunde vi inte konversera med dessa fantastiska varelser, men jag beslöt mig för att studera delfinspråket när jag kom hem till vår dimension. Aranis talade däremot flytande med dem.

Audiensen var snabbt över och vi gick tillbaka genom alla salarna och hämtade våra hjälmar.

"Ni kan hälsa Himlen att delfinerna är dess ödmjuka tjänare", berättade Aranis. "Där är perfekt ordning och ljus och kärleksfull stämning överallt. De är inte ilskna på er för att hemska avrättningar av delfiner pågår hos er trots förbud och varningar. De förstår, förlåter och helar. Snart kommer det att bli annorlunda, säger de. De onda människorna, som vi kallar kabalerna, blir skickade till en annan planet medan Jorden undergår sin 'rengöring'. Botgöring och skolor har ordnats för kabalerna och där kan de inte undgå att förändras till det bättre. Hela detta universum ska vara Guds goda skapelse i en god värld. Det är vad vi arbetar på i ett företag där de flesta planeter deltar med sina rymdflottor.

Nu ska vi emellertid besöka havsfolket, där Oannes är den styrande. Det var honom Mariana såg i sin ungdomsupplevelse, fast det kanske hon inte har förstått. Då får hon i sinnet följa med oss tre och lära sig vilka amfibierna är."

20. Hos amfibiefolket

"Enligt en gammal sägen så var det Oannes som grundade all civilisation på Jorden", berättade Aranis när vi steg in i farkosten som väntade utanför delfinstaden. "Men hans folks atmosfär är densamma som delfinernas, så hans rike liknar delfinernas vad beträffar atmosfär och civilisation, men den påminner också mycket om det mänskliga. Trots att flera amfibiemänniskor vandrar på Jorden än i denna dag tror folk inte på dem. Ni får bevisat nu att de existerar lika levande som alla andra människor."

När vi steg ur farkosten förstod vi att vi fortfarande befann oss på havets botten. Aranis bad oss ta på hjälmarna. Sen traskade vi som förut på sand, kanske lite mindre bevuxen med havsväxter, men i ett blågrönt ljus som förut. Nu gick vi rakt igenom en enorm grotta där småfiskar simmade och ett ljus flödade någonstans ifrån. Det fanns en port i grottan. Aranis slog tre slag på den och den öppnades av en man. Och för att läsaren ska förstå när jag talar om män och kvinnor, vill jag beskriva hur de flesta såg ut, så att ni kan föreställa er dem. De strömmade emot oss ur den öppnade porten och de nickade och log.

Egentligen såg alla ut som människor, men på något sätt var de ålderdomligare än vad vi är vana vid. Deras hy var slät och mycket blek, ögonen var inte mörka utan i olika ljusa nyanser, mest gröna, och de hade ganska stora, mer eller mindre smala munnar. Armar och ben liknade våra men var mestadels instuckna i en fiskdräkt, som verkade höra ihop med den fjällförsedda huden. Jag lyckades aldrig förstå om fjällen på huden fanns över hela kroppen eller bara var pådragen, som vi drar på oss strumporna. Att de var mänskligt byggda var uppenbart. Håret såg man inte mycket av eftersom fiskhuvudet i dräkten var uppfällt för det mesta. Männens ansikten var skäggbevuxna. Men det fanns också varelser som helt och hållet liknade stora fiskar som gick upprätt på kraftiga fiskstjärtar. Ett sällsamt folk var det.

Delfiner och amfibiemänniskor utgjorde en märklig enhet, där de rörde sig runt i salen vi kom in i. Jag lade mest vikt vid att studera invånarna här. Grottor med vackra dekorationer inuti började jag tröttna på, de fanns ju överallt. De planeter jag och även Lydia hade sett var fulla av grottor. Jag tror det finns mycket berg på de flesta planeter, och att invånarna överallt begagnar sig av deras naturliga håligheter.

Aranis drog mig i ärmen.

"Här finns våra härskare", sa han.

Som i kungasalen hos delfinerna satt amfibiernas kungapar vid änden av ett långt bord på något som liknade en bankett. Det fanns fat och bägare framför varje person och på bordet dignade det av både mat och frukter.

Kungaparet liknade inte delfiner. De var praktfullt klädda i fiskdräkter, men deras huvuden och kroppar var helt mänskliga. Det enda som inte var mänskligt var att de hade gälar där öronen skulle sitta. Men drottningen hade massor av grönaktiga lockar som försökte dölja det och båda hade en krona av pärlor som var ett underverk av skirt och utsökt guldsmedsarbete. De hade långa mantlar som lyste med ett dunkelt sken i varje veck, vilket gav en vacker men egendomlig känsla av overklighet.

Så tänkte jag, som egentligen är overklig själv, men i detta ögonblick hade jag glömt det. Alltsammans var en helt ny verklighet för oss och jag såg att Lydia var helt förtrollad av synen. Jag kan inte uttala mig om vad tronerna var gjorda av, men de såg ut att vara av guld i ett mycket märkligt, invecklat filigransarbete, breda och med höga ryggstöd.

Kungaparet reste sig upp och omfamnade oss båda. Det kändes som en vanlig mänsklig kram, fast kanske lite luftigare. Svag musik silade ner från det höga taket som lätta, mjuka, akustiska vågor.

"Ni är så välkomna som representanter för människoriket Jorden", smålog drottningen. "Ni superar väl med oss?" Hon gjorde en gest med handen och genast dukades det fram två kuvert till, ett för mig på kungens sida och ett för Lydia på drottningens. Vi satte oss försiktigt på de spröda, vackra stolarna för jag glömde att vi också var av tunnare material!

"Du vill väl veta lite om styrelsesättet på den här delen av Sirius?" frågade kungen och dunkade mig vänligt i ryggen. "Det är inte så invecklat, förstår du. Min drottning och jag har var sitt råd, bestående av tolv medlemmar var. Vi konfererar i alla frågor med dem och därefter alla tillsammans. Visst kan det bli dispyter ibland, men de reds omedelbart upp genom omröstning eller samtal.

Vi vill alltid höra folkets åsikter, så det finns folkvalda representanter som deltar i alla frågor. På så sätt kan det aldrig bli bråk. Om ovilja, avundsjuka eller ondska uppstår i leden, så blir det snabbt kväst. Inte med våld av något slag, här talar vi alltid alla till rätta och ofta är det drottningen och jag som pratar med den misslynte. Att tala varandra tillrätta är något som används mycket överallt utom på Jorden."

"Har ni ett bra banksystem?" undrade jag. Kungen brast ut i skratt.

"Ja, det kan man verkligen säga", svarade han leende. "Det bästa av alla banksystem är att inte ha några banker och inte använda pengar. Så är det här och på de flesta planeter i världsrymden. Vi kan tänka fram det mesta och den gudomliga lagen om överflöd lyssnar och skänker oss det vi önskar. Det förvånar oss mycket att Jorden lever i ett system där pengar finns. Med pengar skapas avundsjuka, tävlan, girighet och ständig, ständig jämförelse. Inget av detta finns här. När ska jordemänniskorna lära sig förstå det?"

"Jag har hört att det är något på gång med Jorden", smålog drottningen och la sin arm om Lydias axlar. "Där behövs det stora förändringar och stora förändringar kommer bara med dunder och brak. Vad säger ni om det?"

"Vi vet och det är nog därför vi är utsända på det här uppdraget", svarade Lydia snabbt. "Vi måste lära oss för att kunna lära Jorden. Men eftersom vi inte är människor längre så får våra positiva erfarenheter gå genom våra kontakter där. Någon gång ska de väl börja lyssna och försöka förstå. Jag tror det tillfället närmar sig med stormsteg."

Vi blev tystade av kalasgod mat, gjord på havets vegetariska läckerheter. Överallt, var vi kom där vi kunde äta, fick vi erfara vegetarisk föda i olika utföranden. Djurens karma här bestod inte av att bli uppätna av människor. För dem var vi jordemänniskor kannibaler. De levde och dog naturligt och naturen är vis nog att själv sålla sina frön. Jag drog en djup suck. Jag behövde inte tänka på människors oförstånd. Det var länge sen jag var människa. Jag tänkte på en saftig biffstek och vämjdes. Om människorna fick känna på de arma djurens lidanden inför sin död kanske de skulle sluta äta kött.

Efter maten följde vi kungaparet runt i de omgivande grottorna, där de hade sina odlingar.

Det var helt storartat. Vi fick även se hur barnen hos amfibierna levde. Jag tror många människobarn skulle avundas dem, för så glada och faktiskt spralliga barn har jag inte sett på en gång. Om spralligheten blev alltför högljudd hördes en signal och de busiga tystnade omedelbart. Det fanns lekar och leksaker jag aldrig sett. Det fanns gungor och hoppanordningar och alltid någon vuxen till hands som hjälpte dem.

Barnen sjöng och spelade på märkliga små instrument som liknade flöjter och fioler med knappar och strängar. Det blev mild och vacker musik. De dansade antingen för sig själva eller tillsammans. Ja, det var den mest harmoniska skola eller lekskola jag sett.

"Det är någon som väntar på er här", sa drottningen och tog Lydia under armen. Vi gick tillbaka till tronsalen. Vi hann knappt in förrän ett vilt skällande hördes och någonting rusade rakt på Lydia så att hon drullade omkull. Hon kom inte upp, för en sträv tunga slickade henne över hela huvudet.

"Lissa!" skrek hon och kramade hunden som om hon aldrig ville släppa den.

"Pilgrim!" skrek jag och dunkade Pilgrimen var jag kom åt, överlycklig över att återse honom. Han drog både mig och Lydia med sig.

"Kom, vi måste till ytan, ni kan inte vara här längre!"

Bakom honom stod Aranis, som slet Lydia ur hundens lyckliga volter. Avskedet från det behagliga kungaparet blev mycket kort och på mindre än en minut stod vi på land och tog av oss hjälmarna.

21. Matpaus på trapprestaurangen

"Är ni hungriga?" frågade Aranis innan vi klev upp i farkosten bakom honom. Ja, jag var ju alltid hungrig när jag var fysisk, så jag skulle precis svara ja när Lydia skrek ett rungande nej.

Våra magar var tydligen inte överens, så jag valde att tiga. Aranis och Pilgrimen satt mitt emot oss, Lydias knä var fullt av stor hund.

"Ni ska få vara med om något unikt", sa Pilgrimen, "och därför kom jag hit. Dels vill jag prata lite med er om er fortsatta resa, dels vill jag vara med om Aftonsången i Elfenbensgrottan. Den äger rum bara en gång om året och sist missade jag den."

"Varför så sällan?" frågade fröken Frågvis. "Varför sjunger ni inte aftonsång lite oftare? Det gör man både på Jorden och i de himmelska sfärerna. Är det inte en lovsång till natten och till det gudomliga?" Aranis smålog.

"Vår aftonsång kanske inte riktigt motsvarar er", svarade han. "Visst är det en lovsång, men av betydligt djupare och kraftigare karaktär. Det är en rening inför nattens drömmar. Det är naturens eget framträdande." Med en flämtning borrade Lydia ner huvudet i hundens yviga halspäls och jag visste att hon dolde en fnissning. För att överskyla den sa jag hastigt:

"Vi gläder oss åt att få uppleva den och kanske berätta något nytt och extra värdefullt för våra vänner när vi kommer hem."

"Vi stiger av här en liten stund", sa Aranis och farkosten satte underredet i marken med en ljudlig smäll. Ändå kändes det alldeles mjukt att landa. Vi steg ut på en terrass där det fanns stolar och bord. Både Lydia och jag skyndade oss till det blomsterprydda staketet som fanns på ena sidan och lutade oss över det. Nedanför fanns ytterligare en terrass och nedanför den skymtade en till och jag förstod att det var terrasserna i trappstegsstaden vi sett när vi kom in på Sirius.

"Sätt er ner!" utropade Aranis. "Vi är tidiga, så jag tänkte att vi skulle hinna äta lite innan vi går in i berget.

Jag kastade en blick neråt och uppfattade det blåaste blå vatten med massor av lustiga små båtar som gungade på vågorna.

"Vi ska ner dit och segla in i berget", förklarade Pilgrimen.
"Jag tror ni kommer att gilla den färden och speciellt det som händer efteråt."

Från terrassens bortre del kom en ung flicka med en bricka som hon satte på vårt bord. Hon ställde ner fyra tomma bägare och fyra tallrikar framför oss och la dit bestick. Någon mat såg vi inte till.

"Nu får vi själva bestämma vad vi vill äta!" sa Aranis. "Simsalabim så har ni maten framför er."

"Kan du inte simsalabimma åt mig", bad jag. "Gärna någon specialitet för den här platsen på Sirius." Lydia nickade ivrigt och instämde. Lissa snarkade högt vid hennes fötter.

Det tog inte lång stund förrän vi hade rykande varma portioner framför oss. Det var grönsakstallrikar med grönsaker jag aldrig sett förut, och mitt på bordet låg ett långt, nybakat härligt doftande bröd som vi fick bryta bitar av. Trots sitt förnekande av hunger för en stund sen, mer eller mindre kastade Lydia sig över maten och åt med god aptit tills tallriken var tom. Hon var för rolig, min änglakompis!

Efter maten ledde oss Aranis till väggen bakom matbordet. Vi hade inte lagt märke till att där fanns en hiss. Undras vem som uppfann hissen först, vi eller sirianerna, tänkte jag muntert när jag klev in i den. Det hördes ett skratt,

"Det var faktiskt här på Sirius", sa Aranis. "Hissar har funnits här i tusentals år, eftersom planeten är så bergig att befolkningen lätt behövde komma upp eller ner. Först hade hissarna en lätt, öppen konstruktion, men de har med åren blivit allt mer lika de jordiska. Sirianer har besökt Jorden många gånger och både lärt sig och lärt ut saker. Mest lärt ut förstås!"

Jag teg, förmodligen hade han rätt. Nu stannade hissen och vi klev ur med Lissa i spetsen. Vi kom rakt in i hamnen. Bara den var en upplevelse, med alla dessa märkliga båtar i alla upptänkliga färger och utseenden. Aranis, tätt följd av Pilgrimen och Lissa, stannade framför en båt i flera röda och rosa schatteringar med en delfin i silver som galjonsfigur. Strax kastades en trappstege loss och fastgjorde sig själv. Det var bara att kliva ombord.

Båten gled genast ut från land. Med uppfällda segel som skimrade av silver verkade den hålla en utmärkt fart. Ganska nära oss på vänster hand reste sig den höga mörka klippan, som sände ut ett egendomligt, vibrerande ljus. Någon började sjunga: Det var en man som stod i aktern vid relingen och sjöng den mest underbara sång. Det tårades i mina ögon och jag såg att Lydia torkade sina.

Musik och sång liknade inte vår jordiska, men en sångröst kan inte bli något annat än en sångröst, även om den här mannens toner varierade från bas till tenor på det mest ovanliga sätt. När sången var slut angjorde båten en brygga. Landgången fälldes ut igen och våra två ciceroner vinkade åt oss att följa dem.

Vi befann oss i en hålighet i klippan, där en bred klipphylla följde kanterna. Vi steg upp på en trappa som ledde till klipphyllan. Nedanför oss skvalpade det azurblå vattnet och vi såg vår båt glida tillbaka ut i solskenet som höll på att blekna i kvällsbrisen. Klipphyllan ledde oss vidare till en port i berget, som öppnade sig när vi närmade oss den. Vi blev stående i porten, förlamade av skräckblandad förtjusning över vad vi såg.

22. Aftonsång i Elfenbensgrottan

Varför säger jag "skräckblandad?" Det var helt enormt! På något sätt var det alltför stort, alltför omvälvande. Bergssalen verkade hämtad ur en science fictionbok, upplyst som den var av ett blågrönt ljus som härledde sig från en stor öppning i taket. Mycket mild och vacker musik ljöd i våra öron, men det tog en stund innan ögonen vande sig. Det fanns ett podium mitt på salens ena långsida och hela rummet var fullt av golvfasta bänkar. Bänkarna var täckta av mjuka kuddar, men det fanns inga ryggstöd. Bänkarna verkade uthuggna ur berget.

Vi skymtade ljusa gestalter, mer som en dimma, som rörde sig i någon slags älvlek utmed salens alla sidor. Salen var inte fyrkantig - ingenting här verkade fyrkantigt, utan den ena änden var ojämnt rund och täckt med levande växter som ett draperi. Ljuvliga dofter som kom i vågor vällde ut därifrån som en tunn slöja av rök. Aranis och Pilgrimen skyndade in mellan bänkraderna och satte sig nära podiet. Lydia och jag följde efter. Det var inte obekvämt men heller inte skönt att sitta där utan ryggstöd. Vi fick dock annat att tänka på.

Folk strömmade in och till min outsägliga förvåning var den gigantiska salen snabbt fylld till bristningsgränsen. De flesta var människor, en del som på Jorden, andra amfibier och åter andra svåra att beskriva eller härleda. Ljuset i bergssalen blev starkare och musiken likaså. De sista åskådarna släpptes in och sedan stängdes dörrarna med ett ljudligt bang. Ljuset tonades sakta ner igen och alla reste sig upp. De stod rakryggade och knäpptysta och stirrade mot podiet, som hade intagits av en man och en kvinna.

Kvinnan omgavs av ett svagt grönlysande sken. Hon var oerhört vacker, med ett yvigt, silverglänsande hår och ett diadem som blixtrade. Ansiktet hade stora, mörka ögon, en liten välformad näsa och en vackert tecknad mun. Munnen smålog och hela den välformade gestalten utstrålade kärlek. Klänningen blixtrade ikapp med diademet och hon höll armarna utsträckta mot publiken. Det underliga var att det kändes verkligen som en varm omfamning. Hela mitt sällskap kände omfamningen fysiskt, fick jag veta efteråt.

Mannens gestalt var högrest och guldglänsande. Kvinnan nådde honom till axlarna, så han var mycket lång och hans skulderlånga hår skiftade i brunt och guld. Han hade kraftiga, välformade drag och ett strålande leende. Hans mantel gjorde hela mannen till en gyllene staty, men en högst levande sådan. När han sträckte ut händerna i hälsning, vibrerade hans handslag fysiskt i våra händer och hans ögon såg rätt in i våra. Bara detta var en sällsynt upplevelse.

Så började en röst tala. Varje ord gick in som ett levande väsen i örat och la sig sedan i hjärtat där det memorerades för evigt. Jag har upplevt mycket men aldrig något liknande. Så löd det talade ordet:

"Välkomna till Sirius Aftonsång, både ni som är nära och ni som kommer från andra himlakroppar! Den sång som vibrerar i era hjärtan är en återklang av Siriusplanetens eget strängaspel. Vi är nu i direkt kontakt och sammansmältning med den Ende, Fadern/Modern i vår värld och alla andra världar som liknar vår. Det finns en energiström som ska sändas direkt mellan oss som befinner oss i Sirius bergssal och Gud som är Skaparen och Urkällan. När Urtonen ljuder är ni alla rent fysiska delar av Honom/Henne, av hans/hennes Ande och Utstrålning. Var och en av er är JAG!"

Vad som nu följde kommer jag aldrig att glömma, så ängel jag är! Detsamma säger Lydia. Till och med Lissa satt orörlig och verkade sova och vara vaken på en och samma gång.

Problemet är att berätta om det. Mariana, som inte var med utan endast har min utsago att rätta sig efter, får här en svår uppgift. Det var en kosmisk upplevelse så långt ifrån det jordiska att det inte finns ord att beskriva den. Kanske ni läsare får nöja er med att få höra att ord och musik flöt ihop till energier, som likt varma trådar slingrade sig in direkt i våra hjärtan och fyllde dem med en obeskrivlig lycka.

Det var en lyckokänsla som kändes från huvudet till fötterna, som strålade ut i armar och ben och som gjorde att hjärtat tycktes växa, varmt och vibrerande och fyllt av glittrande, smekande, översinnliga gyllene strålar. Vi har ett rikt språk men inte så rikt att det kan förtälja om denna stund. Aftonsången kom med ett ljus och en sång som bara skedde. Det hände oss alla och drabbade oss som ett famntag, ett kärleksbevis på en kärlek som är gränslös, oändlig.

Plötsligt, som på kommando, reste sig alla i salen upp. Vi satt kvar på tecken från Aranis. Det började svagt, som ett lågt hummande som långsamt ökade i volym tills det fyllde den stora salen med ett djungelrop, ett ljud med en fyllighet och styrka som inte går att beskriva. En sång ur tusentals strupar sjöng en glädje som lade sig i hela kroppen, en glädje och lycka vars make bara inte finns på det jordiska planet. Den oändliga kärleken levde i varje atom, i varje cell, i varje andetag i den sjungande luften. Den ordlösa sången från människor med olika planeter som hemvist blev till sfärernas melodi, sfärernas mäktiga, strålande kärlekssymfoni.

Vi somnade in i Kärleken. På våra rygglösa stensäten erfor vi rymdens största gemenskap: kärleken mellan allt skapat i Kosmos. "Det går att älska alla och allt", jublade det inom mig. "Det finns inga gränser." Lydia vände sig om och såg på mig med oändlighet i blicken. Det var underbart. Det var sagolikt, det var den mest otroliga Sanning jag någonsin upplevt, både som människa och som ängel. Sången om Sanningen ljöd i hela mig, i varje atom, varje bit av alla dimensioner jag kände. Det var Livet själv som sjöng för mig - och för oss alla. Det var det LIV som skapades av Urkällan och som var menat att ge obegränsad skönhet åt Skapelsen. Vad finns det mer att berätta?

Skapelsens ögonblick rann genom våra händer och ut i våra kroppar. Sfärernas musik genljöd i våra öron och kosmisk skönhet bländade våra ögon.

Kan man uppleva något större? Nej, det kan inte finnas något underbarare än att ta del av Urkällans Livssymfoni.

Vid halvt medvetande, likt sömngångare, lämnade vi denna otroliga, musikskälvande sal.

Dagsljuset utanför kändes snarast som en chock. Jag raglade som en berusad och såg att Lydia gjorde likadant och att Pilgrimen grep hennes hand och stöttade henne. Det tycktes mig att vi steg från liv till liv och att det nuvarande, vandringen från grottan till båtarna, var det minst viktiga. Att diskutera den fortsatta resan kändes som ett antiklimax - men ett nödvändigt sådant.

Vi satt i båtarna, halvt bedövade av upplevelsen i grottsalen och lyssnade till båtkarlens mjuka nynnande. Både Aranis och

Pilgrimen var tysta, som om de inte ville störa vår bedövning. Nu kröp Lissa in under sätet där hennes husse satt, även hon kände storheten i det vi varit med om. Inte förrän vi var framme i båthamnen och stod stadigt på torra land, lossnade tungorna. Lydia och jag tackade våra värdar och ciceroner för den fantastiska Aftonsången.

Sedan gällde det att veta hur vi skulle fortsätta. Det var natt och det mörkt violetta ljuset i hamnen, tillika med båtarnas flammande, rörliga lyktor, gav en passande avslutning på vårt äventyr. Men nu måste vi tyvärr vidare.

"Ni är välkomna att tillbringa natten hos mig, i Agartha", sa Pilgrimen. "Ni får gärna sova över här också, men då blir det i så fall en längre resa i morgon. Ni måste tillbaka till Plejaderna, besöket där var inte fullständigt. Och så länge ni har mänskliga kroppar måste ni sova emellanåt. Säg farväl åt Aranis, så hoppar vi!"

"Jag undrar så vilka paret var som inledde den fantastiska ceremonin i bergssalen?" Det var förstås Lydia som frågade.

"Det var de Högsta själarna på Sirius, de som med milda, ·kärleksfulla händer styr planeten i direkt sammanstrålning med Urkällan", svarade Aranis allvarligt.

"Det blir svårt att lämna den här planeten", suckade jag. "Vi är väldigt omskakade. "Jag känner mig så hemma här." Lydia instämde. Vi omfamnade båda vår nyblivne vän, som Mariana känt i så många år.

"Ni är välkomna tillbaka", var det sista vi hörde innan Pilgrimens grepp om oss båda förde oss med tankens snabbhet tillbaka till Jorden.

23. Plejadresa till jordens syster

Vi trampade snart mossan utanför Pilgrimens grotta och det kändes bra. Därinne föll vi i sömn omedelbart, uttröttade efter alla sinnesupplevelser. Inte förrän vid frukosten nästa morgon kunde jag lyssna till vår värds besked om våra vidare planer.

"Plejaderna består inte bara av stjärnan Electra som ni besökte", berättade han. "Plejaderna är ett Stjärnförbund, ungefär som ert... "

"FN eller Förenta Nationerna!" avbröt Lydia. Pilgrimen nickade.

"Något liknande", svarade han. "Plejaderna är sammansatta av många högt stående galaktiska samhällen som tillsammans bildar en makalös stjärnsamling. De sju klarast lysande stjärnorna i denna samling är Alcyone, Merope, Sterope, Maia, Tageta, Celaeno och Electra, där ni var. Fler än 250 000 stjärnor hör ihop med dem, belägna mellan 200 och 500 ljusår från vår jord.

Ursprungsbefolkningen på Plejaderna härstammar från Andromeda och Lyran. De ägnar sig åt andlig konst och vetenskap. Man kan säga att konst och naturlig logik uttrycker deras mänsklighet. Det är den ni två ska undersöka närmare. Ni ska ta reda på de olika nivåerna och redogöra för deras inverkan på det övriga universumet."

"Puh!" stönade jag och tog en slev av den utomordentligt goda soppa Pilgrimen ställt på stenbordet. "Det blir nog knivigt!"

"Får vi åka hem sen?" pep Lydia medan hon kliade Lissas päls. "Jag är så förälskad i den här vovven att jag inte vill resa ifrån henne. Följer du med oss, Pilgrim?"

"Jag ska transportera er dit", svarade Pilgrimen leende." Vi får se om jag stannar där en stund. Vi ska till Alcyone den här gången och därefter till de övriga fem. Jag får väl fortsätta att vara vägvisare. Nu ska vi gå en liten promenad."

Vi följde mannen och hunden på en skogsväg så mossig och blomprydd som vore den hemma i blomstervaggan Sörmland eller Dalarna. (Dalarna var ett tillägg av Mariana, som följer med på resan!) Jag drog in dofterna av furor och björk, björnmossa och mogna bär. Jag kände inte igen bären, men de liknade stora blåbär och de gröna bladen var större.

Ett öronbedövande dån gjorde att både Lydia och jag stannade till. Pilgrimen skrattade till.

"Som alla vattenfall är det här lite bråkigt!" sa han. Skogsvägen vidgades till en dunge och sedan visade det bråkiga vattenfallet sin oerhörda skönhet. Det yrde ner från ingenstans högt ovanför och kaskader av vatten glimrade och skimrade i lekande lust och våldsam styrka. Det var bredare än Niagara, jag såg inte andra sidan. Allt var vilt vatten med fradgiga, skummande vågor och flygande, mångfärgade droppar. Lydia stod med handen på Lissas huvud och bara tittade. Båda bara tittade. Pilgrimen la sin hand på min axel.

"Nu har ni sett världens vackraste vattenfall", ropade han för att överrösta vågbruset. "Kom nära mig så börjar vi nästa resa!"

Han la armarna om oss och hunden Lissa kröp mellan hans ben. Det var ett ögonblick fångat i en tid som inte finns och som annars ständigt gäckar oss. Vi blundade till fallets öronbedövande musik och vi öppnade ögonen till samma musik, fastän mycket svagare. Vi stod fortfarande vid ett fall, men det var mycket mindre och inte lika blåblått.

"Välkomna till Alcyone, som kunde vara Jordens syster!" Pilgrimen svepte med handen över den vackra men också ganska vanliga bilden av ett vattenfall, och bakom det höga furor och mossbeklädda berg och klippor. Vi stod på älvens strand och mellan oss och det vänliga vattenfallet fanns ett vanligt staket som verkade vara gjort av järntråd. Fallet dånade, men inte på långt när som det vi nyss lämnat. Men när jag tittade närmare och böjde mig över staketet såg jag något jag inte sett förut. Mitt i vattenfallets vågiga krumbukter lyste tunna, skimrande kroppar. Det var faktiskt undiner (vattenandar) som dansade i skummet från fallet.

Deras kroppar såg ut att vara genomskinliga, men det var nog vattnet som gav den förvillande bilden. En vattenande sträckte ut armarna i en simmande rörelse alldeles nära mig och då såg jag att han hade riktiga armar till en riktig kropp, som liknade en människas fastän mycket mindre. Vi hade kommit till en planet där naturens väsen vågade visa sig. Från en hög tall bakom Pilgrimen såg jag en skälmsk faun vinka glatt. Lite längre bort galopperade kentaurer i kapp med varandra. En sömnig trollpojke låg i mossan när vi vände om för att gå på skogsstigen som ledde därifrån. Ett muntert skratt ljöd från Lydia som höll upp sin långa klänning för att inte trampa på honom.

"Naturen liknar Jordens, men här är det som ni kallar för sagoväsen vanliga företeelser och absolut verkliga. De lever i symbios med människorna och detsamma gör djuren här. Det finns inga jägare och människor och djur lämnar varandra fullkomligt i fred. Att äta kött är likaså här fjärran från tankarna, de är alla vegetarianer. Jag tycker det är ett paradis. Jag brukar vandra här ibland, men här finns ingenting för mig att hjälpa till med, så Lissa och jag återvänder alltid till Jorden där man behöver oss."

"Vad ska vi göra här då?" undrade jag.

"Det är därför jag följer med er." Pilgrimen smålog milt. "Jag vill visa er Fredens rike så att ni kan rapportera om det också. Men klimatet här är bra över hela planeten och det bidrar till välfärden och välbefinnandet. Alcyone är en ljus och vänlig planet till skillnad från Jorden. Folket här har kommit så långt man behöver i sina uppfinningar, utan att störa det naturliga växt- och djurlivet. Pan älskar den här planeten och är ofta här."

"Tror de på Gud här också?" frågade Lydia, som andlöst intresserad lyssnat på Pilgrimen.

"Jag ska föra er till en av deras 'kyrkor' så får du själv se", svarade Pilgrimen.

Vi korn precis ut ur skogen. Framför oss låg vad vi skulle kalla en by. Det var små låga hus, alla övervuxna med blommande växter. De hade mossiga tak och många fönster och påminde om den primitivare sortens sommarstugor vi hade Sverige vid seklets början. Fastän de hade inte så många fönster förstås. Man anade inte vid första anblicken att de var allt utom primitiva.

"Vi går in!" sa Pilgrimen och gick helt enkelt in, Vi följde tätt efter. Vi stannade därinne och tittade. Fem personer satt vid ett grovt tillyxat träbord och åt något som såg ut som prickig gröt - eller någon slags grynrätt med kryddor i. Det var en man, en kvinna med ett spädbarn i famnen och två barn i sju- till tioårsåldern, en pojke och en flicka. Mannen reste sig när vi korn in och när han såg Pilgrimen omfamnade han honom hjärtligt. Vi förstod som vanligt vad invånarna på planeten sa.

"Välkommen käre Pilgrim", sa den kortväxte, kraftige mannen som kunde ha varit en svensk bonde. Han såg sannerligen inte utomjordisk ut. Tre katter satt i rad på en fönsterkarm, men de var en aning olika våra katter. De hade längre svansar och öron och två av dem var större, den tredje mindre än våra katter. De var alla tre gulspräckliga.

"Jag tror jag är hemma i England!" viskade Lydia.

"Eller i Sverige", viskade jag leende tillbaka.

Det var människor som vi och hus som våra. Det var nästan katter som våra. Vi kände oss hemma. Jag såg dock ingen jordisk apparatur i köket, trots att maten föreföll rykande het. Det fanns ingen spis eller ugn eller eldstad av något slag. Pilgrimen märkte vår förvirring, medan vi vänligt småleende nickade åt alla vid bordet. Den minsta katten hoppade ner från fönsterbrädan och smög sig tätt intill både Lydia och Lissa. Hunden sträckte ut sin skära tunga och gav katten en slick.

"Hur lagar ni mat?" kunde Lydia inte låta bli att fråga. Plötsligt stod tre tomma stolar vid bordet och vi slog oss ner. Nu öppnade husets fru munnen, samtidigt som hon torkade barnet i famnen i ansiktet.

"Laga mat?" frågade hon i sin tur. "Vi skapar fram maten och så äter vi. Vi äter skapad mat på hela planeten. Vi skapar allt själva, det lär vi oss från början. Det låter som om ni kommer från den barbariska Jorden!"

Den unga bondfrun gav till ett skratt. Hon var söt, hade blont, lockigt hår under en vit hätta och en vackert blommig klänning. Hon la ner barnet i en vagga som stod bredvid henne och satte sedan fram en karott med grynrätten vi sett bondfolket äta. Tallrikar, glas och bestick stod plötsligt framför oss, varifrån de nu kommit. Vi smakade artigt på "gröten". Vi smakade igen och så åt vi upp alltsammans. Maken till god "gröt" har jag aldrig ätit! Den smakade himmelskt - fastän däruppe smakar ju ingenting någonting förstås. Jag tror aldrig jag har ätit något så gott och Lydia sa likadant. Den bara smälte i munnen och gav en eftersmak av allt det bästa man vet... ja, det var omöjligt att förklara med ord. Kunde vi njuta så av maten, så hade vi våra ordinarie fysiska jordekroppar.

"Ni ville besöka vår kyrka", sa bonden med ett gemytligt skratt. "Det gör ni just nu. Vårt hem är vår kyrka. Sen har vi byggnader där vi träffas ibland, alla som bor här. Vi har möten antingen för att diskutera och avgöra vår tanke om något samhällsproblem, eller bara en social sammankomst med dans och musik och sång. Det har vi ofta i Bysalen och den kan vi visa er om ni vill. Men eftersom det bara finns en Gud och Han/Hon är densamma för alla invånare på den här planeten, så behövs ingen kyrka. Gud finns lika mycket inom oss som utanför oss, det är så enkelt, eller hur?"

Jag kände mig förlägen när jag tänkte på Jordens stora mängd trosinriktningar och religioner. Det var helt enkelt onödigt och en källa till bråk och stridigheter. Skulle inte Jorden se bättre ut och ha mer kärlek om vi tänkte så här också? Jag såg på Lydia att hon hade ungefär samma tankar som jag.

"Tack för vänligheten att visa Bysalen", sa jag, "men vi tittar nog hellre lite mer på naturen och de varelser som dväljs där. Jag såg en skymt av naturväsen när vi kom hit, borta vid älven."

"De lever tillsammans med oss och är härliga grannar att ha", sa bonden, som hette Ejur. Hans hustru hette Nia. "De kan berätta sagor, för alla barn älskar sagor", fortsatte han.

"Tyvärr måste vi nog resa vidare!" Det var Pilgrimen som avbröt.

Jag hade gärna stannat längre, men Pilgrimen visste vad som väntade oss och vi fann oss i hans beslut. Vi tog farväl av den rara bondefamiljen och begav oss tillbaka till skogen. Ejur och Nia önskade oss välkomna tillbaka innan vi lämnade planeten. Den var väl inte likadan överallt? Lydia frågade vår vän.

"Familjen ni just träffade var ett typiskt exempel på invånarna på Alcyone", svarade Pilgrimen. "Det finns inga stora städer utan endast många, många små byar som den ni såg. De är inte på kornet lika varandra, men det är inte mycket som skiljer."

Därmed lät vi oss nöja och dök in i den viskande, nynnande skogens dunkel, när kvällen trippade in på tåspetsarna.

24. Natt över Plejaderna

Lydia tog min hand. Det var lite kusligt i skogen, det prasslade och blåste, det hördes suckar och lågt småprat. Pilgrimen stannade. Han tog upp en liten visselpipa och åstadkom en signal som gjorde att ett fräsande ljud hördes bakom oss. En väl upplyst farkost stannade med ett slirande ljud.

"Jag tror det är bättre att vi fortsätter i den här", sa vår vän och blåste en signal till. En dörr öppnade sig och en stege firades ner. Det var bara att kliva in i farkosten, som liknade de övriga vi sett förut; avlång med rundade hörn, en främre plats där Pilgrimen och Lissa satte sig och två fåtöljer där bak för Lydia och mig. Det kändes tryggare än skogen.

Vi lyfte högt ovanför trädkronorna. När vi lugnt och stadigt gled fram med molnslöjor som luftig spindelväv ovanför oss, sa Pilgrimen:

"Jag vill tala om för er vart vi är på väg. Den här stjärnan har två sidor och vi är på väg till den andra sidan. Den liknar inte platsen ni just var på, den har en vildare natur: hav, klippor, mörka skogar."

"Skog var det ju där vi steg på skeppet", rättade Lydia.

"Ja, det var välordnad skog där naturens väsen bor", svarade Pilgrimen. "Den vi kommer till nu är inte välordnad och de människor som bor där är ganska primitiva. De kallas för xelurerna och är av annat slag än de ni träffat. Men de är faktiskt människor och de har en egen kultur. De är stridslystna och väldigt på sin vakt mot främlingar. Jag känner dem och är accepterad av dem, så jag ber er att hålla er nära mig så kan ingenting farligt hända.

Lissa har varit här förut och är beredd att försvara er om vi blir anfallna."

"Det där låter otäckt", invände jag.

"Nej då, men det kan bli en intressant upplevelse för er att berätta om däruppe där ni kom ifrån." Pilgrimen smålog. "Naturligtvis kommer ingenting farligt att hända er. Jag ville bara förbereda er lite."

"Tack så mycket. Jag håller mig till Lissa." Det är väl

självklart vem som sa det!

Farkosten landade med en dov smäll. Vi tittade ut genom fönstren. Där syntes bara berg och åter berg så långt vi såg. Ingen väg, ingen skog, bara mer eller mindre höga klippor. Det såg mörkt och fientligt ut.

"Här är tidig morgon", var Pilgrimens upplysning när vi stod på den skrovliga klippan och darrade av köld. Pilgrimen bad raskt om ursäkt och trollade fram pälsförsedda långa kappor och låga, bekväma skinnstövlar med pälsen utåt. Inuti var de som att gå på bomull och sulorna kändes stadiga. Nästa steg var väldiga skinnvantar och hättor. Jag förstod på Lydias muntra min att jag liknade en enorm nalle, men Pilgrimen var inte stort bättre. Lissa satte sig på berget och tittade på oss och skällde. Inte ens Lydia var sitt vanliga smidiga jag, hon liknade en långhårig jätteråtta. Utstyrda på detta vis klampade vi med Pilgrimen i täten rakt in i klippmassivet. Farkosten stod kvar.

Vi gick på sträv mossa i en köld som jag en gång i livet varit van vid, men ingen snö eller is fanns här, bara otäck fukt som steg upp från marken som ånga från en gryta och som luktade illa. Lukten var kväljande, men eftersom Pilgrimen travade på med Lissa följde vi lydigt efter. Vi hade lämnat klippavsatsen och kom direkt in i en labyrint av upprättstående stenar, högre än vi själva.

Vi förstod snart varför det var en labyrint just här. Plötsligt kom en massa infödingar springande mot oss bakifrån. Jag säger infödingar, för vad annat ska jag kalla dem? De hade ljusbrun hudfärg och kropparna var helt mänskliga. De flesta var maskerade, men de som inte var det hade enormt stora, mörka ögon, spetsiga näsor som liknade näbbar och långa, hängande öron. Munnarna var stora, de var svåra att beskriva eftersom de skrek åt oss. Antagligen skrek, menar jag, för inte ett ljud hördes.

"Xelurerna kommunicerar endast tankevägen, de talar inte, de är helt stumma", förklarade Pilgrimen. "Man får lära sig att läsa av deras ansiktsuttryck om man bor här. Läser man av fel får man ganska snart veta av det." Han skrattade till. En xelurier stod framför honom och det var inte svårt att se att han var hotfull. Jag tänkte ta Lydias hand igen, men så upptäckte jag att hon var försvunnen. Lissa satt där hon borde ha stått och det var inte svårt att förstå att hunden var förvirrad.

"Var är Lydia?" frågade jag Pilgrimen som var inbegripen i ett högljutt samtal med den hotfulle, ett samtal med bara en röst.

"Hon kommer strax tillbaka", svarade han. "Tydligen ville kvinnorna i den här byn titta lite närmare på henne. De är inte så vana vid besök här."

Att inte se Lydia eller veta var hon befann sig kändes väldigt konstigt för mig. Vi följdes ju åt hela tiden. Jag tittade på Pilgrimen och han smålog lugnande tillbaka.

"Nu tänker jag hämta Lydia", sa jag argt och började försöka ta mig förbi xelurierna. Det var svårt. De stod som en kompakt kolonn mellan mig och en bit av klippan där det fanns en öppning och när jag försökte passera så rönte jag motstånd. Pilgrimen tog tag i mig.

"Gör ingenting, snälla Jan, för då kan det bli otrevligt. Stå så nära mig du kan. Lissa vet om det är fara å färde och hon meddelar mig på sitt sätt."

Han utbytte ytterligare några ord med anföraren för xelurierna och sen vinkade han åt mig att följa med denne.

"Han för oss till Lydia", sa min vän lugnande, "kom bara med!" Lissa tryckte sig tätt till husses ben och jag tog tag i hans arm för att tränga mig förbi den xelurier som stod närmast mig och hotfullt kollade varje rörelse jag gjorde. En kompakt lukt av svett och någon slags örtdoftande fett omgav mig. Det här var ingen trevlig del av Plejaderna. Jag undrade i mitt stilla sinne om det fanns otrevligheter på fler platser i den enorma stjärnhopen eller överhuvudtaget i hela universum. Pilgrimen läste mina tankar.

"Kalla det otrevligheter, Janne!" sa han. "Jag kallar det försiktighet grundad på erfarenhet. En gång i världen råkade den här delen ut för stora svårigheter. På den tiden förekom stjärnornas krig, något som knappast finns längre, inte i detta universum. (På Jorden finns det på bio!) Nästan hela stammen blev utrotad och endast få av xelurerna lyckades undgå upptäckt. De var ursprunget till det nya folket som har en väl rotad misstro i sig. Vi hoppas att den ska försvinna snart, för den hör inte till de övriga Plejaderna."

Genom att kretsa runt bland klipporna på vägar som endast infödingarna kände, kom vi så småningom fram till en öppen plan som verkade vara del av ett hushåll. Lissa skällde till och störtade fram till Lydia, som satt i en hörna av klippan omgiven av xeluriska kvinnor. De bildade en kompakt mur omkring henne, men kvinnorna gav genast plats för den framstörtande hunden, som hoppade upp på Lydia och lade tassarna på hennes axlar. Lydia såg medtagen ut, men hon lyste upp när Pilgrimens hund kom farande. Kvinnorna försökte genast att täta till i leden så att Lydia blev fast igen. Det varade inte länge. Innan vi hann komma till undsättning visade Lissa upp sin mest aggressiva attityd, med uppdragen nos som visade vassa tänder och högljutt morrande som visade allvarliga varningar.

Pilgrimen och jag tog Lydia mellan oss och Lissa ledde vägen tillbaka. De var tydligen inte vana vid hundar här, för de bistra krigarna som hotat oss drog sig skyndsamt tillbaka.

Vi halvt släpade, halvt bar Lydia tillbaka till farkosten. När hon kom upp i sätet lutade hon sig tillbaka och suckade djupt.

"Jag trodde aldrig jag skulle komma levande därifrån", sa hon. "De drog och slet i mig som om jag var en brödbulle. Jag trodde att de skulle döda mig, deras ansiktsuttryck var otäcka. Jag kunde ju inte prata med dem heller. Snälla, låt oss åka härifrån!"

Och det gjorde vi.

25. Nästa resmål: Andromedagalaxen

Lydia piggnade till under åkturen, så när vi stannade utanför Pilgrimens grotta på vår kära Moder Jord, började tårarna rinna.

"Så dum jag var!" utropade hon. "Jag visste ju att ni fanns i närheten och att ingenting farligt kunde hända mig. Jag är ju en ängel, fast där borta kände jag mig som en tjej från Jorden som hamnat i svårigheter. Förlåt!"

Pilgrimen smålog och satte en vattengryta på elden. Jag kramade om min kollega och tillät mig ett ganska så hörbart skratt.

"Jaha, så blev den resan avbruten!" klagade jag. "Vad gör vi nu?"

"Håller rådslag", föreslog vår vän och satte fram muggar med rykande hett te och ett fat med nybakat bröd från ingenstans - och ost och smör och färska grönsaker från ingenstans.

Med god aptit grep vi oss an den för oss så välbekanta födan, eftersom våra kroppar fortfarande var helt fysiska. När vi hade ätit slog vi oss ner i bekväma länstolar i Pilgrimens långt ifrån torftiga vardagsrum. Man kunde tro att en pilgrim avstod från all världens lyx, men si, det gjorde inte denne! Just detta kom mig att misstänka att Pilgrimen tillhörde det Stora Vita Brödraskapet och det tänkte jag ta reda på.

"Så fint du har det!" sa jag försiktigt. "Har du alltid bott här?"

"Nej", smålog han. "Vill du ha en kaka till teet, Lydia?" Hon nickade förtjust och ett fat med läckra kakor stod genast på bordet. Jag var på mitt envisa humör.

"Kan du inte berätta för oss vem du är innan vi går vidare?" insisterade jag. "Jag känner på mig att du är en av Mästarna, men vem?"

"Kanske inte den du tror", svarade han. "Jag ska avslöja det när det är dags. Till dess får ni ta mig som den pilgrim jag är. Och jag ska fortfarande hjälpa er till rätta med resten av resan. Andromedaförbundet är nästa resmål."

"Vad då?" skrek Lydia. "Ska vi ända dit? Till Andromedagalaxen? Kommer vi in där?"

"Varför skulle vi inte det?" snäste jag. "Andromeda har jag drömt om sen jag var pojke och få var de nätter jag inte kikade ut från kökssoffan i barndomshemmet och kände tryggheten i att se mina stjärnor på sina rätta platser i ett ofattbart stort universum."

"Nu får du se alltihopa inifrån planeterna själva!" smålog Pilgrimen. "Kanske det uppdagas snart att din egen planets insida är bebodd."

Jag stirrade förskräckt på honom.

"Det menar du inte? Skulle människorna förändras så?"

"Det vore bra", kom det torrt från Lydia. "Då kanske det inte blev så mycket stridigheter. De slåss ju överallt. Om inte bara med trupper, så även med ord."

"Vi ska se vad ni tycker om Andromeda", svarade Pilgrimen. "Janne ändrar nog uppfattning."

Och det gjorde jag.

Jag levde på Jorden till år 1968 och då var jag en gammal man. Vad som sedan hänt min älskade Jord har jag fått veta av andra. För mig var mitt bästa minne från jordelivets fauna och flora. Att de två begreppen kunde användas inuti Jorden hade jag aldrig kunnat tänka mig innan jag kom till Agartha. Nu begrep jag varför jordemänniskorna envetet vägrade att tro på att det fanns någon mer bebodd planet än deras. Det var för svårt att föreställa sig en bebodd och blomstrande del av vår jord på dess insida.

Jag mindes att jag läst om general Byrds redogörelser om Agartha och att man på den tiden avfärdat det som fria fantasier av en hjärnskadad gammal man. Skulle min kunskap och mina bevis någonsin nå Jorden utom i den här boken? Det återstod att se.

Vi tog en promenad till det vackra vattenfallet. Jag tyckte att där fick jag en mycket vag men dock uppfattning om hur oändliga vi var och storheten i vårt uppdrag. Och jag kände mig som en liten myra som råkat hamna ovanpå de sprutande virvlarna, men som med sina sköra vingar snart skulle ta sig upp i luftens frihet.

Upp kom vi och ner kom vi. Det där vattenfallet var säkert förtrollat och jag välkomnade dess magi. Det hade förvandlat sig till ett annat, nytt vattenfall och Pilgrimen var försvunnen. Lydia och jag stod och höll om varandra nedanför de rasande skyarna av klart lysande vatten. Kanske vi snarare höll i varandra, för här skakade marken av ett dån som gjorde det omöjligt att prata. Jag vände mig sakta om. Vi stod på en glänsande vit marmoravsats med ett stadigt, förgyllt räcke.

"Lissa är försvunnen", klagade Lydia och torkade en tår som rann nerför kinden.

"Du får snart träffa henne igen", tröstade jag. "Pilgrimen hämtar oss säkert här när det är dags. Vi ska ju utforska en ny planet! Kom, det ska bli kul!"

Vi tog varandras händer och gick försiktigt nerför den vita marmortrappan. Den var våt och slipprig, men det fanns människobyggda gyllene räcken på båda sidor hela vägen. Nedanför lyste gröna och blåaktiga trädkronor. Trappan var ganska lång och böjde sig lätt åt vänster sida.

Till slut nådde vi marken, som verkade vara belagd med vitt grus. Det stod höga krukor i rad nedanför, med varmt röda och violetta krukväxter. Det fanns vita bänkar att vila sig på och jag upptäckte att det var en cirkelformad platå vi kom ner på. Runt den växte en skog som liknade den svenska. Återigen! Vi följde med vår svenska skog till flera olika planeter. Eller var det kanske vi som tog med oss skogen? Hade Pilgrimen skojat med oss och skickat oss till någon okänd plats i USA? Vi kanske var hemma på yttre Jorden!

Andromeda! Bara namnet var tjusande, tyckte jag. Vi satte oss på en bänk innan vi fortsatte. Jag måste fundera på åt vilket håll vi skulle gå.

"Äsch, det gör väl detsamma", skrattade Lydia. "Någonstans bor det väl folk man kan fråga." Hon ställde sig upp och höll armarna under duschen från ovan och fortsatte att skratta allt gällare tills hon skrek. Sen hoppade hon bort ganska dyblöt. Jag tog fram en handduk ur luften - sådant hade vi ju lärt oss redan för länge sen.

Knappt hade Lydia torkat sig färdigt så stod en kvinna bredvid oss utan att vi begrep varifrån hon kom. Hon var ganska lång, med blont konstfullt flätat hår, stora violblå ögon och frikostigt tilltagen mun. Hon var klädd i något som i mina ögon liknade en folkdräkt, mönstrad lång vid kjol i glada färger, ett enfärgat rött liv ovanpå en vit blus och en liten broderad hätta på huvudet. Jag letade i huvudet efter liknelser och kom fram till "dirndl", men det var ändå fel.

"Hej!" sa kvinnan eller snarare flickan oceremoniöst. Som vanligt förstod vi henne bra. "Jag önskar er välkomna hit och jag ska ta hand om er till att börja med. Följ med mig!"

Hon snurrade runt på klacken och gick ut genom den lilla öppningen mellan sofforna. Hon vände på huvudet.

"Jag vet att ni heter Jan och Lydia", sa hon. "Jag heter Kyranina Lilia, men kalla mig Kyra. Vi går hem till oss först."

Hon gick lätt svängande på höfterna och väldigt snabbt. Fötterna rörde knappt vid marken så vi hade svårt att hänga med. Så stannade hon plötsligt. Vi hade hunnit se att vi rörde oss i skogen och att skogen som vanligt liknade vilken skog som helst. Nu kom vi till en liten öppning bland träden och där stod en vagn. Den hade inga hjul, bara något som liknade medar. Det fanns fyra säten i den. Vi hoppade upp. Längst fram var en instrumentbräda och flickan tryckte på den. Vagnen satte omedelbart igång, mer som en tystgående bil än som de förra vagnarna vi åkt med på planeterna. En välvårdad väg slingrade sig framför oss, på ena sidan skog och på den andra en älv som vattenfallet antagligen rann. ut i.

"Här finns inga städer. Jag tror att nästan bara Jorden har städer där människor bor som i myrstackar", pladdrade flickan på. "Vi tycker det är hemskt. Här är alla individer som ändå ingår i ett högre medvetande. All vår kultur berättar om det, både när vi sjunger och dansar och spelar och skriver och målar. Er kultur är inget vidare har jag hört, så ni är väl här för att lära er av oss, eller hur?"

Jag nickade. Konversationen var inte i min smak, men nu avbröt Lydia den ungdomliga svadan.

"Du sa att ni är individer som ingår i ett högre medvetande. Vad menar du med det?"

"Ni får prata med pappa eller mamma om det. Jag måste skynda mig till badet med lillebror när jag kommer hem och nu är vi strax hemma."

Farkosten stannade utanför en hög, rikligt utsirad grind. Vi klev ur medan Kyra mixtrade med instrumentbrädan och såg till att farkosten gav sig av. Vi öppnade grinden och steg in i en utsökt vacker trädgård, men utsökt vackra trädgårdar hade jag sett förut på många håll. Jag mindes de hängande trädgårdarna på Sirius. Något vackrare i trädgårdsväg finns nog inte. När vi kom längre in började jag undra!

Jag vet inte namnen på de blommor som i yppig mängd kantade den vitgrusade gången. Det var en färgprakt utan like och Lydia stannade hänförd i ett kör för att titta på något litet underverk till blomma. Kyra vände sig om och verkade otålig, så jag tog tag i Lydias klänningsärm och drog henne med mig.

"Du får titta mera sen", viskade jag. "Tjejen verkar sur för att vi dröjer."

Vi hade kommit fram till en stor port, omgiven av ljuvliga, rikt doftande klängväxter. Den öppnades av en man och en kvinna skymtade bakom honom. Kyra smet in och försvann efter att ha givit oss en hastig vink.

Mannen och kvinnan såg helt mänskliga ut, och Pilgrimen hade talat om för oss att det mestadels bodde människor på Andromedagalaxen, med undantag av på några mindre tillhörande stjärnor.

Paret nöjde sig inte med att skaka hand med oss, de omfamnade oss båda hjärtligt. För mig verkade det som om de flesta av Vintergatans planeter hyste väldigt vänligt och välvilligt folk.

Jag kunde inte låta bli att ta ett steg tillbaka och se vad porten var infattad i. Det var ett vitt hus av någon slags halvt genomskinlig sten eller massa och det hade ungefär samma form som ett jordiskt hus: avlångt med fyra väggar, ett gnistrande rött tak och en blomsterklädd veranda som vette åt trädgårdens överjordiska prakt. Det småleende paret fick oss verkligen att känna oss hemma på en gång.

Vår värdinna hette Zoa, som dottern var en yngre avbild av. Värden hette Ranira och såg ut som en egyptisk furste. Zoa hade en liknande "folkdräkt" som dottern och Ranira var klädd i en vit skjorta med krås och mörka åtsittande knäbyxor med långa tofsar. Båda hade skor som liknade träskor, fast lägre, och de var säkert inte av trä. De var målade med blommotiv och såg väldigt sköna ut.

"När vi kommer till en ny planet blir vi alltid så vänligt mottagna av par som ni", sa jag.

"Det kommer sig av att vi har ett välordnat kommunikationssystem planeterna emellan", svarade Ranira. "Vi vet vilka vi tar emot och anledningen till det. Hos er på Jorden verkar det som om vem som helst kan komma på besök och ställa till med vad som helst, kreti och pleti kan ställa till med oroligheter. Men om man samtalar med varandra i världsrymden så vet man vilka besökare man får och varför. Inom planeten är det ett liknande system som ni har, men jag talar om utomplanetariska gäster.

Det är väldigt lugnt på hela Andromeda och det händer sällan oroligheter. Ni kan inte resa i kosmos ännu, men ni har en forskning som är på god väg att åstadkomma stellära resor. Innan dess behöver jordemänniskorna uppfostras!"

"Tänk så lite vi har vetat på Jorden", suckade jag.

"Och inte har man kommit längre sen vi lämnade den", tillfogade Lydia. "Där går det långsamt!"

Alla skrattade och vi följde med paret in i huset. Där fanns inte mycket att damma. Jag menar att det inte fanns många lösa föremål, små eller stora prydnadsgrejer, klockor eller lampor.

"Lättarbetat", var Lydias lakoniska uppfattning. Zoa skrattade.

."Jag vet hur det är på Jorden", sa hon. "Ni fyller era hem tills de dignar av saker. Det finns sådana hem här också, men jag vill inte ha det så. Vi har precis vad vi behöver och vill vi ha något annat så skapar vi fram det."

Jag såg ner på mina fötter. Jag hade sandaler och här kändes mjukt att gå. Mattor fanns alltså, härliga mjuka mattor i vackra färger. Gardiner fanns inte, fönstren var bara, men det var vackert eftersom rummen blev större och man hade grönskan utanför så nära. Dessutom var fönsterposterna vackert utsirade och dekorerade. Det prunkade av växter ända in i huset, konstaterade vi båda. Bekväma sittmöbler fanns det gott om. De var klädda med ljusa tyger som matchade väggarna.

Vi såg inga tavlor och inga bokhyllor, däremot var en vägg i vardagsrummet som en filmduk. Den visade hela tiden bilder i mjuka färger. Mestadels var det bilder av växter, parker eller annan natur och djurbilder. En hund och en katt och ett annat obeskrivligt mindre djur satt på en soffa i vardagsrummet och i iakttog oss uppmärksamt. Lydia rusade förstås fram och började gulla med dem utan annat resultat än att de gick sin väg.

Det fanns inget kök. Här "trollades" tydligen allt fram efter vad man önskade sig. Vårt värdfolk satte sig vid ett bord och uppmanade oss: "Ta för er av vad ni vill äta eller dricka. Det är bara att säga till." Eftersom vi hade fysiska kroppar var vi ganska hungriga och beställde vad vi kände för. Jag tyckte det var svårt, jag har aldrig varit något ämne till kock. Det såg Lydia, så hon beställde med stolt min var sin god grönsakspaj och de stod genast framför oss. Smör och bröd och ost och en kopp kaffe, la hon till och alltsammans infann sig självmant.

Vilket behändigt land att leva i!

26. Livet på Andromeda

Vi åt och småpratade och sedan ville vårt värdfolk visa oss runt. Vi förstod att färden skulle ske i en farkost och Zoa hämtade en likadan som vi åkt med dottern i, eller kanske det var samma. Hon förklarade detsamma som Kyra redan berättat, nämligen att här inte var tätt bebott, att det inte fanns städer eller byar, utan att allt var fristående.

Det fanns inga affärer heller, vad skulle man i så fall med den lättskötta precipiteringen till? Däremot fanns det promenadvägar som vi följde hela tiden. Vägarna var oerhört välskötta och vägkanterna rena konstverk av blommor och staket. Vi åkte ofta över broar som ledde över sjungande åar och älvar och klimatet var precis lagom varmt. Solen sken inte obarmhärtigt, utan dämpat, skönt.

"Är vi på planetens utsida eller insida?" undrade jag.

"På insidan förstås", svarade Ranira. "Utsidan är obeboelig, precis som Jorden snart kommer att bli. Ni har förstört er jord och det kommer ni att få känna av. Redan för många tusen år sedan befolkades Andromedas insida. Det är faktiskt så att de planeter som är bebodda i vårt universum är det på insidan. Utsidan är för orolig och för utsatt. Vi visste att Jorden gjorde fel när utsidan blev koloniserad, men det gick inte att tala med jordingarna. De var dumdristiga och tjurskalliga och det har de fått betala för. Nu är det Agartha som får hjälpa till att plantera in förnuftet i er värld."

"Det visste jag inte!" utropade jag.

"Er dotter nämnde att ni är individer som ingår i ett högre medvetande", avbröt Lydia. "Kan ni förklara vad det betyder? Är det er religion, eller vad är det för någonting?"

"Vi nämner aldrig det ordet", svarade Ranira i bestämd ton. "Det ordet skiljer människor åt och åstadkommer tvister, separation och till och med krig. Våra barn vet inte om att det finns något som religion, det hör till de ord som inte får uttalas. Vi vet hur ni har ställt till det på Jorden. Ändå sändes Mästaren Jesus ner för att ändra på det begreppet. Han lyckades bara grunda något som blev till en religion med fruktansvärda följder. Här räknas han till de milda och goda Mästare och Hjälpare som finns med oss överallt för att se till att Kärlekens språk talas. Det är det enda språk vi har, endast med lätta dialektala skillnader. Nu ska vi stiga av."

Farkosten stannade mjukt och vi steg ur framför en mycket hög byggnad, en skyskrapa. Men den var bredare än skyskrapor brukar vara. Lydia räknade till elva våningar berättade hon senare, vilket inte är så högt för en jordbo. Den liknade inte alls de skyskrapor som finns på Jorden. Den var byggd av samma skimrande, självlysande material som vårt värdpars hus. Jag tänkte fråga vad det var, men Ranira förekom mig.

"Om du undrar vad vi använder för byggmaterial", sa han småleende, "så finns det inte på er jord. Det är ganska unikt för Andromeda, men vi har skeppat ut det till andra planeter, bland annat till Sirius. Det är ett märkligt material på så sätt att växter söker sig till det. Det är oerhört lätt att odla, därför ser du en sådan mängd blommande växter på den här planeten. Materialet finns överallt, det är en slags bergmassa som stimulerar växtligheten. Det är därför vi inte har något ogräs, det håller sig borta från detta enastående material. Andromeda kallas ibland för Blomsterplaneten och nu förstår ni varför. Vi ska gå in i vårt Möteshus, kom!"

Ranira och hans hustru ilade uppför den höga trappan som ledde till ingången på skyskrapan. Därefter steg vi in i en hiss där man höll sig i en stång på mitten och stod på en rund platta. Först blev vi rädda när vi kom upp, för att man trodde att man hängde i luften. Sen upptäckte vi att vi stod och gick i en slags glasballong med en fantastisk utsikt utanför. Vårt värdpar skrattade gott när de upptäckte vår förskräckelse.

Utsikten är svår att beskriva, men den var omtumlande vacker. Man kunde ha väntat sig en stad nedanför, men det fanns endast några små hus utströdda i naturen och omgärdade av fantastiska trädgårdar. Lite längre bort skvalpade glittrande vågor i en sjö, som föreföll ganska stor. Vi såg båtar segla omkring, men de såg ut som vanliga segelbåtar på så här långt håll. Endast seglen var annorlunda, i brokiga färger och konstigt placerade.

Vi följde värdparet nerför igen, en kort spiraltrappa ledde till våningen under utsiktsplatsen. Där fördes vi in i en stor sal med en scen i bakgrunden. Det kunde ha varit en teater hemma i Sverige, om den inte hade haft så märkliga dekorer.

"Det här är ett konferensrum", förklarade Zoa. "Det finns flera sådana, stora och små. Vi bestämmer tillsammans på de flesta områden och det finns olika klaner som arbetar för till exempel kultur, arkitektur, vägplanering, sjukhus m.m."

"Sjukhus!" utropade Lydia. "Finns det sådana på den här planeten? Jag trodde bara ni hade healers."

"Vi måste förstås ha någonstans att göra av sjuka som ska ha behandling. Det räcker inte alltid med en behandling. Men vårt system är mycket tillfredställande, det finns inga farliga sjukdomar, som t.ex. cancer som är så vanligt hos er - vi har fått bukt med dem alla."

"Utbildningsanstalter, skolor?" undrade jag. Ranira skrattade till.

"Naturligtvis har vi skolor. Alla barn får lära sig läsa och skriva och mycket annat. Vi har skolor strödda över hela planeten. Ingen ska ha lång väg till skolan, det finns särskilda farkoster som hämtar och lämnar där det behövs. Klasserna är inte stora, högst tio barn i varje klass. De lär sig bättre då. Du har inte sett några böcker, men dem får man genom att skapa fram dem. Det finns böcker inom alla områden, dels sådana som finns på Jorden, dels sådana som vi skapar fram. Vi har datorer, som är annorlunda än era och mycket lättare att använda."

"Är det bra för barnen att allt är så lättillgängligt?" frågade Lydia. "Blir de inte lata då?"

Återigen skrattade Ranira.

"Tvärtom." Han tittade leende på sin fru. "Fråga Zoa, hon är lärare!"

"Det är strängare än ni förstår", svarade Zoa leende. "Om ni tror vi är släpphänta så har ni fel. Det är pli på våra ungar, men ni har inte träffat så många ännu. Vi använder något som ni inte brukar, något som barnen får i överflöd från födseln här - nämligen Kärlek. De hårdaste straff vi har är att tala ett olydigt barn tillrätta. Om det inte hjälper så har vi andra metoder, alla med kärlek inbegripen."

"Får de kanske arbeta av det?" var min fråga. Zoa såg mycket förvånad ut.

"Arbete är väl inget straff? Här är allt arbete lustfyllt. Om man presenterar ett arbete som roligt och intressant, så blir det just precis det. Det gäller att totalt utesluta det negativa. Det är grundprinciper på de flesta planeter, särskilt här och på Sirius. Jorden har börjat i fel ända: nattens mörker gömmer kärlekens ljus. Ska vi kanske gå vidare? Ni har inte så lång tid på er sa min man, fastän vi vanligen inte tar så hårt på tiden, för vi har ingen tid mer än dag och natt och när magarna säger till!"

"Hur har ni det med djur?" frågade djurvännen Lydia. "Jag har inte sett hundar och katter här eller hästar?"

"Då har du inte tittat ordentligt", skrattade Zoa glatt. "Visst har vi husdjur och i skogen och i haven finns vilda djur. De vilda hotar oss inte för vi låter dem vara i fred. De tama finns överallt, som keldjur och nyttodjur. Vi dödar inte djur för pälsar eller föda, om det är det du menar. Vi låter naturen utvecklas som den ska och vi ingriper inte. Man kan säga att planeten på många platser är ett enda stort zoo! Men vi har metoder som inte skadar djuren när vi vill förpassa dem till deras naturliga miljö. Alla människor här har djur. Vi använder också hästar, dels till ridning, dels att köra lätta vagnar. Det förstör inte vägarna, precis som de här farkosterna, våra 'bilar'. De drivs med nollpunktsenergi om ni vet vad det är."

Det visste vi. Det finns tydligen i hela universum utom på Jorden.

"Ni får snart nollpunktsenergi", försäkrade Ranira. "Det forskas för fullt om det hos er, men det tystas ner. Alla jordinvånare vill ha bevis. Sådana är vi inte, vi går genvägar i stället och har lyckats bra med det. "Nu lämnar vi Möteshuset och tittar på något annat."

Utanför huset väntade inte farkosten vi åkt dit med. Där stod en vagn, modell äldre landå, fastän smartare i linjerna och förspänd med två hästar. Nog var det hästar alltid! Om man tittade noga så hade de visserligen längre öron och längre man och svans, men höga och smäckra ben. Lydia stod redan med armarna om halsen på den ena hästen och ooade och gullegullade. Hästen såg måttligt belåten ut. Den kastade med huvudet och gnäggade helt vanliga hästgnägg.

"Akta dig, Lydia!" varnade Ranira. "Våra hästar är inte vana vid främlingar. Jag vet att du är djurvän, men nu går du för långt."

Han hann inte färdigt meningen förrän Lydia fick en spark

så hon for rakt över vägen och in i en blommande buske. Ranira och jag skyndade oss att hjälpa upp henne, men hon haltade, var rufsig och smutsig. Det var ett nytt sorts hästminne för henne. Emellertid gick det bra att åka häst och vagn. Lydia tjurade en stund, men sen blev hon påverkad av allt hon såg och njöt av både naturen och åkturen. Det kändes på något sätt som om hästarnas hovar inte vidrörde marken, men så kunde det ju inte vara. Vi stannade på en gräsbevuxen plats där hästarna kunde beta. Där låg en låg, genomskinlig byggnad från vilken det strömmade ut härlig musik.

"Det här är vårt musiktempel", berättade Ranira. "Hit går vi när vi har lust till musikunderhållning och det har vi ofta. Musik rensar sinnet, gör en glad och varm i hjärtat. Följ med in!" Det gjorde vi. Den musik som fyllde luften och gjorde att benen rörde sig i takt liknade inte modern musik på Jorden. Det var lustfyllda melodier som hoppade och sjöng alldeles av sig själva. Därinne fanns dansgolv för dem som ville dansa, och bord och stolar för dem som ville sitta och njuta. Jag ryckte upp Lydia på dansgolvet och vi improviserade efter musiken. Det var en härlig och ovanlig stund på resorna bland planeter. Lokalen var stor och luftig och gjord av någon sorts glas som gjorde den genomskinlig. Utanför vajade höga växter och färggranna blomster mot rutorna. Man var både ute och inne samtidigt.

När vi lämnade musiktemplet kände vi oss på toppenhumör, överlyckliga och överglada. Jag sände några ljusa tankar till mina Mästare som skickat hit oss. Andromeda var det bästa av allt. Kronan på besöket var dansen, nu kunde det inte bli bättre. Vi klev in i den hästdrivna vagnen och nynnade båda på den sista melodin.

"Drakar, finns de här också?" frågade Lydia.

Vi åkte genom det förödande vackra landskapet. Nu skymtade vi vatten mellan träden, mer och mer vatten.

"Här är ett av våra hav", svarade Zoa. "Och ja, visst finns det draködlor, stora bestar som kan flyga. De är snälla om man inte gör dem illa med flit. De bor för sig själva i vad vi kallar för drakbyar, högt uppe bland bergen. Drakar tycker om att bo i hålor, där det finns mycket mat i närheten. Det finns flera sorters hjortdjur däruppe. Drakar dödar inte för att döda, endast för att få föda. Vi ska åka upp i bergen till Visdomens Näste. Där bor de visaste männen och kvinnorna på planeten och drakarna vaktar över dem."

"Jag gläder mig", sa jag. "Visdom kan man inte få för mycket av. Är dessa visa de som regerar över Andromedagalaxen?"

"Jag kan svara både ja och nej på den frågan." Ranira såg lite tveksam ut. "Egentligen regerar vi alla här! Ingen är bättre än den andre och här finns många folkslag som alla är sams. Ni får se."

27. Botplatser och healingstugor

Vi hade båda önskat få stanna på detta härliga ställe. Musiken hördes fortfarande svagt, men vi var tyvärr bara på besök och Ranira hojtade att vi måste vidare. Hästarna stod kvar utanför och kastade lite sneda ögon på oss främlingar. De gnäggade otåligt och skrapade med hovarna. När vi såg oss omkring stod flera hästar och en del vagnar parkerade runt huset. Små trevliga hundar låg i en del vagnar och sov och väntade på hussar och mattar. Jag bestämde mig för att uppföra ett musikhus i våra himmelska nejder. Det skulle säkert bli uppskattat.

Vi åkte en stund och jag la märke till att det inte var så ljust längre, att ingen sol lyste och att landskapet antog dova färger. Någon kom ridande i vild galopp och saktade in vid vår sida. Ranira stannade hästarna på samma sätt som vi gör på Jorden, men jag uppfattade inte vilka ord han använde. Ryttaren var deras dotter, Kyra, och framför sig hade hon ett barn. Det var tydligen hennes lillebror. Zoa rusade ut ur vagnen och tog barnet i famnen. Han hade ramlat och slagit sig och blödde ymnigt från ena benet. Ranira gav order till hästarna och de vände och tog en mindre väg genom skogen. Visdomsbesöket fick vänta.

"Jag hörde att de talade om sjukhus", viskade Lydia i mitt öra. Då skulle vi i alla fall få se ett sjukhus här, tänkte jag. Hästarna travade på i rask takt, men jag hann se vad som fanns i skogen. Det började visserligen skymma men viskningar och rörelser fanns överallt. Förmodligen fanns det både tomtefolk och andra varelser här för jag skymtade småfolk springa omkring över stigen och akta sig för de framsprängande hästarna. Jag såg luftiga slöjor vifta mjukt bland träden och ljusa gestalter sväva fram och tillbaka,

"Skogsfolket blir lite rädda när vi far förbi i så vild fart", förklarade Ranira. "De är vana vid människor men inte vid brådska. Uppståndelse är främmande för dem, men nu är det nödvändigt. Lillebror har gjort illa benet, är avsvimmad och måste till en healer. Vi är snart framme nu."

Jag såg inget hus. Hästarna stannade frustande framför en mossbevuxen kulle. Vi var alldeles utanför skogskanten och tre höga mossbevuxna kullar reste sig ur gräs och blomprydd mark. Det fanns plättar av mossa över hela platsen och där var bord och stolar utplacerade, som på ett café. Zoa hoppade ur vagnen med pilten i famnen och jag såg att det fanns dörrar i varje kulle. Hon försvann snabbt in genom en sådan dörr, som även den var mossbevuxen.

Ranira vinkade åt oss att följa med, så vi travade efter samma väg. Vi stannade till av förvåning. Det fanns inget tvivel om att detta var ett sjukhus! Sängar var placerade i hela det svagt jorddoftande rummet och människor i gröna kläder rörde sig överallt. Det var nog läkare och sköterskor, tänkte jag. Ranira satt redan vid en säng, barnet låg på den och flera grönklädda cirklade runt den lilla patienten.

"Han blir snart bra", sa Ranira. "Här blir man ögonblickligen botad, så om en kort stund kan vi ta honom med oss. Nu har ni sett ett av våra sjukhus, fast vi kallar dem inte så utan för botplatser."

Han böjde sig snabbt över sin hustru som tog upp gossebarnet från bädden. Den lille sov fortfarande. Jag såg inget förband på benet. Det såg helt normalt ut. Zoa tycktes tacka de grönklädda och sedan vinkade hon åt oss att följa med därifrån. Ranira stannade kvar en kort stund. Vi kände oss både frågande och överrumplade när vi åter klättrade upp i vagnen. Det dröjde bara ett par minuter så hoppade Ranira upp på sin kuskplats. Hästarna ilade tillbaka samma väg som vi kom.

"Ni var inte tillåtna att se hur healingen gick till", förklarade Ranira medan de praktfulla djuren glatt trippade fram på den välvårdade vägen. "Vi stängde era ögon ett par minuter, så jag förstår att det kändes lite konstigt för er. Men så gör vi med hastigt påkomna olyckshändelser, de blir hastigt påkomna tillfrisknanden i stället. Inga sår eller ärr finns på vår sons ben. Det finns sådana här healingstugor spridda över hela planeten. Ofta inryms de i jordkullar för att det är så bra att vara nära Moder Jord när olyckor inträffar. Jord helar, fast det tror jag inte ni har upptäckt därnere på Jorden!"

Jag avstod från att rätta honom. Man trodde visst allmänt att vi var människor av kött och blod. Vi såg ju ut som sådana.

Så jag nickade bara. Vi hade kommit tillbaka ut på den större vägen nu och fortsatte rakt fram som förut. Men det var bara en kort stund, för sedan tog vi av åt vänster på en mindre väg igen. Nu gick den uppåt, inte brant men stilla och bitvis. Vi stannade till ett ögonblick och Ranira surrade fast oss med bälten både upptill och nertill. Jag förstod att vi var på väg till de visa personerna. Så många visa personer som jag hade mött och besökt undrade jag i mitt stilla sinne om det fanns de som var visare än dem alla. Allt mynnar ut i kärlek, i enhet, i tro på den enda Gudskraften. Vad mer kunde det finnas?

Det skulle jag snart få veta.

Landskapet förändrades ganska radikalt. Mjukheten i allt det sköna försvann och grå klippor och smala klippvägar dök upp i stället. Det påminde om sydeuropeiska branta vägar som gick i spiral uppför höjderna. Det var faktiskt lite otäckt och jag rådde Lydia att inte titta ut när det var som brantast. Nu förstod jag varför man valt hästar att frakta oss. De var vana vid den sträva naturen, de travade säkert och raskt tätt intill bergsväggarna och marken verkade trots den nu ganska skarpa lutningen jämn och slät. Solen hade gått till vila och fuktiga dimmor svepte om oss. Lika plötsligt som vi skakats om på vindliga vägar förändrades allt igen.

Nu färdades vi på en rak, ljus väg. Grönskan som varit försvunnen länge, bredde ut sin yppiga, färggranna yta för våra häpna ögon. Vi var högt uppe på berget och här såg det helt annorlunda ut. Ridåer av gröna träd med storartat, hängande bladverk strök så nära oss att vi kunde ta tag i dem. Marken sände upp ljuvliga dofter och fågelsången var bedövande skön. Vatten glittrade mellan träden, som det aldrig brukar göra på den höjd vi var. Smaragdgröna ängar bredde snart ut sig på båda sidor om vagnen och vi förlorade helt kontakten med den karga verklighet vi nyss vistats i.

Vi var framme och vi förundrades. Vägen ledde genom en välskött park, där växterna formligen slogs om att vara praktfulla. Hur kunde det vara så? Jag hann inte tänka färdigt förrän vagnen stannade framför ett slottsliknande hus, som vitt och skimrande vilade i detta magnifika landskap högt uppe på en bergstopp.

Jag tänkte på hunzafolket på Jorden, som lever högt uppe i Himalaya och som de flesta jordemänniskor är ganska okunniga om. Det var okänt till början av 1900-talet, lika okänt som Agartha varit tills nu. Ungefär så här hade jag alltid föreställt mig att hunza såg ut. Där blir människor upp till 150 år gamla och kvinnorna föder barn i 70–80 årsåldern. Jag har alltid förundrats över att ett sådant land finns på riktigt på Jorden och nu satte jag ner min fot i något liknande på en annan planet.

Men jag erfor snart att det var mer ojordiskt än det såg ut.

28. Vishetens boning

Jag tänker inte beskriva denna boning, för det går inte att göra rent fysiskt. Jag överlåter åt läsaren att använda sin fantasi och föreställa sig det vackraste man kan tänka sig. Samtidigt var det skirt och vi vågade nästan inte kliva in genom den glänsande port som öppnades för oss. Men det gjorde vi i alla fall.

Eftersom Ranira klev framför oss på stadiga, trygga ben, så följde vi tätt efter. Zoa lade sitt sovande barn på mjuka kuddar i vagnen och en person, som tydligen kommit ut från huset, såg ut som om hon tänkte vakta på pilten. Zoa skyndade ikapp oss och trädde sin arm under Lydias, förmodligen för att ge henne mod. Min hariga änglakompis gömde huvudet i händerna och vågade inte titta upp förrän Zoa kom.

Men det var inte så halt som jag trodde på de blanka golven därinne och vi gick upp för en bred vit trappa som om vi gick på moln. (Det kanske vi gjorde också!) Ovanför trappan öppnade sig en gyllene portal och innanför den satt, enligt vännen Ranira, de visaste personerna på många planeter, inte bara på Andromeda.

De satt i en halvcirkel och hela platsen var väldigt ljus, liksom upplyst av ett sken. Det var elva personer, fem av varje kön, men den elfte kunde jag inte se om det var en man eller kvinna, för ljuset omkring denne var så oerhört starkt. En liten bit framför dem markerades ytterligare en halvcirkel med mjuka kuddar. Den var avsedd för oss. Vi bugade oss djupt och sjönk sedan ner på kuddarna framför de elva mästarna.

När vi tittade uppåt såg vi en stjärnhimmel som föreföll oerhört nära, nästan så vi kunde ta på den. Det var förstås en synvilla. Mild musik ljöd och en underbar doft spred sig genom rummet. De elva var klädda i långa, pastellfärgade, glittrande kappor eller mantlar. Framför var och en av oss stod plötsligt ett högt glas av kristall. Nummer elva, som satt mitt emellan de andra, tecknade åt dem att höja sina bägare och skåla med oss. Så vi höjde våra glas och i denna högtidliga handling kunde jag inte låta bli att tänka "Helan går!" Så där är det för mig! När något är fruktansvärt högtidligt slinker dumma mänskliga tankar in. Jag tittade inte på Lydia, hon är likadan. Men, tänkte jag, om det här bara är en synvilla så vill jag inte stanna kvar här. Det verkar vara för bra för att vara sant. Jag hoppades att de inte läste mina tankar.

Nu talade mästarna. Jag vet inte vem det var, det verkade som om en manlig röst kom högt och tydligt från ingenstans någonstans.

"Välkomna, bröder och systrar från den jordiska sfären! Vi har väntat på er! Vi vet att ni kommer från änglarna, men ni representerar ändå det jordiska och därför vänder vi oss till den delen av vår älskade Vintergata.

Jorden står inför sin största utmaning någonsin i Skapelsen. Vintergatan är ren, renare än ni kan föreställa er. Tyvärr har det uppstått ett par fläckar i denna gränslösa renhet och de måste åtgärdas. Ondskan och mörkret får inte drabba våra celesta nationer, men tyvärr har de en benägenhet att föröka sig. Det har de gjort på Jorden. Därför måste en stor förändring ske där. Jordklotet, där det svävar i rymden, är illa skadat och måste repareras. Snart kan inte människor bo på Jordens vackra yta, inte heller djuren. Snart vissnar växterna och till och med träden kommer att sloka. Något måste göras!

Ni, kära besökare, har sett hur de har det på andra planeter i världsalltet. Det som ni i er otroliga egocentricitet inbillar er, nämligen att inget mer mänskligt liv finns i universum, är en ren och skär lögn. Vi har iakttagit er i miljoner av år och er självbelåtenhet, ert självförgudande, er narcissism och oförmåga till att se det stora i det lilla, er oförmåga att förstå att ni inte är ensamma i rymden, har fört er till ruinens brant. Där blir ni inte länge till innan ni störtar ner i avgrunden... så vi vill ge er en sista varning!"

"Det positiva måste få ett ord med i laget"! Nu var det en kvinnlig röst som talade. "Vi vet att om det onda störtas drar det med sig oskyldiga offer, för det finns många på Jorden som tänker annorlunda och som förstår att det är dags att göra något åt det. Det är inga småsaker. Striden mellan gott och ont måste få ett annat ansikte, ett annat mål. Ni behöver hjälp, eftersom ni har drivit er planet i botten. Och samlade goda krafter väntar på att få ingripa och hjälpa er. Men då måste ni lära er något nytt, något som ni inte vågat ta till er förut och som ni inte behagat tro på.

Visst, ni har profeter. Det har ni haft i många århundraden. De säger förnuftiga saker, men de kanske ändå inte tror tillräckligt på sig själva - allra längst inne. Så har det alltid varit. Profeter stiger fram i strålande ljus, eller kanske nästan osynliga, och deras ord drabbar många men inte alla. Sen återgår vardagslivet till den vanliga rytmen: äta eller ätas, något som inte bara gäller djuren. Bekvämligheten, ska vi behålla den eller gå något okänt obekvämt, till mötes?

Nu är det dags att vår Syster Jord blir medveten om att hon tillhör den kosmiska familjen. Det gör hon inte genom att slunga ut föroreningar först i sin egen natur, sen i rymden. Där far de omkring som små baciller som smittar alla som inte är på sin vakt. Det är allvarliga sjukdomar som kommer i omlopp ifall de får lösa tyglar. Det är först och främst maktfullkomlighet och traktan efter ära, pengar och berömmelse. Det är avundsjuka, svartsjuka och missunnsamhet som dansar krigsdanser kring de aningslösa och försvarslösa. Det är tjuvar och bedragare som för de skötsamma bakom ljuset."

"Och vilka är det?" hördes en annan röst från de elva. "Vilka går i spetsen för mycket vill ha mer? Vilkas tankar skulle behöva en ordentlig rengöring? Jo, de som makten hava, säger jag.

Makthavarna smittar av sig. Deras röster av stål tilltvingar sig andra röster, både hårda och milda. De milda drunknar alltid och går till slut under. Hur många drar de med sig, dessa omedvetna, lata röster som inte går mot strömmen? Det är enklare att bara följa med, då kan ingenting farligt drabba en. Titta bara på teve! Då behöver man inte själv tänka alls, för andra snälla människor tänker åt en.

Något måste göras och kommer att göras inom kort. Det har inte saknats varningar och det vi säger nu har funnits så länge som jordemänniskorna funnits. De har burit med sig ett skadat frö och ett gott frö. Deras bild av bibelns skildring om hur de föddes stämmer inte. Det är mycket som inte stämmer i era gamla hävder. Om ni hade vetat om oss så hade vi kunnat ändra på det. Men vi har i hela den inre rymden blivit strängt tillsagda att låta Jordens människor utvecklas av sig själva. Så blev det som det blev."

"Nu måste det ske en jättestor förändring", kom en ny röst från de elva. "Jordens människor ska få veta att vi är levande och arbetande och kärleksfulla individer, skapade som de själva till det yttre, men inte till det inre. Vi vill vara med i den förändringen, vara med och hjälpa till, för vi tror inte att människorna själva förmår ändra på sig. Något stort måste hända, något enastående och omvälvande."

Ett jubel hördes. Det for genom hela salen som ett lyckligt skratt, en vind av varm mänsklighet och en doft av ros och viol och vanilj. Det kändes "hemma", tänkte jag, ett dopp i det goda i människornas vardagsvärld. Jag förnam kärlek av det goda glada slaget, kärlek mellan barn och föräldrar, mellan goda vänner och mellan gamla och unga. Kärlek som blir till en sång av skratt och skämt, dans och hopp.

Det finns så många goda och trivsamma känslor! Varför tillåter vi inte dem tränga in i vårt vardagsjag? Vi borde lovsjunga vardagen mer, för det är den vi vistas i. Och framför allt borde vi göra vardagen till något roligt och värdefullt, något som skrattar och leker inom oss och utom oss.

Åter tystnade sorl och jubel och en ny röst lät orden klinga i dur. Det var en kvinna.

"Hör upp, vänner! Vi har besökare från Jorden! Låt oss inte skrämma dem utan göra dem glada och förhoppningsfulla. Vi ska be att få dementera ett gammalt uttryck som används mycket på Jorden: "Vi lever bara en gång!"

Det är helt tokigt och fel! Hur kan man ens tillåta sig att tänka i de banorna? Ni lever många liv för att lära er och förhoppningsvis så småningom bli så högt utvecklade att ni går över gränsen till det oändliga. Ni måste leva många liv för att er karma gradvis ska förbättras. Era djur lever också en massa liv och de kan förändras mycket. Det kan inte människorna, de kan bara förändras inifrån för att så småningom bli ett med ljuset. Men de förlorar aldrig sin identitet, sin själ. Själen har evigt liv.

Jag tror inte att jag kommer med något nytt. Men om människorna verkligen tog till sig att de kan förbättra sin själ och lyftas från en nivå till en högre, så tror jag de flesta skulle vara mer måna om vad de säger och tänker. Tanken är deras redskap till oanade glädjeupplevelser inom det kosmiska. Tanken är vars och ens Pegasus. Tanken är viktigast av allt. Precis som vi, borde människorna från späd barndom lära sig styra sina tankar. Det skulle förändra ert samhälle totalt!"

Det var inga nyheter. Men det var en viktig påminnelse, en påminnelse som kan förflytta berg. Det finns så mycket ord, men det är inte alltid de fäster där de borde fästa. Jag sneglade på Lydia. Hon satt rakryggad i lotusställning på den vinröda sammetskudden och tårarna rann stilla och milt över hennes kinder medan munnen log.

Det finns också så många nivåer. Jag försökte inte ens föreställa mig alla de nivåer där de visas ord skulle klämmas ihop och kastas i papperskorgen. Det vore bättre att tänka sig dem som små fåglar, som flög in i människornas hjärtan och stannade där. Ranira hade talat om de visaste i världen. Var inte den alldagliga visdomen också den högsta för den sökande? Låt oss se alldaglig visdom som ett trappsteg. Nästa trappsteg är inte så avlägset som det låter, högt uppe bland molnen. Nästa trappsteg kanske är närmare än ni tror. Och sen går det av bara farten. Det verkade inte som om de elva hade mer att säga. Jo, den elfte som var svår att könsbestämma, ställde sig framför de andra, såg på Lydia och mig och talade:

"Ni två höga andar som beträtt Moder Jord med era fötter, lyssna nu på mig! Ni har besökt andra planeter och vi var egentligen utanför programmet. Vi är kanske för människolika, men vi lever inte som jordemänniskor. Era makthavare borde komma hit på besök för att lära sig något. Kanske kommer det att ske på ett eller annat vis, därför att Jorden ska förändras. Ni måste tänka om totalt.

Ni måste förstå att hela den oändliga rymden är full av liv och att liv kan ta sig många uttryck. Era filmer om utomjordingar har en hel del sanning i sig, förutom allt krigande. Visst har det skett krig i rymden, det finns alltid maktsugna klåpare, men de har hitintills slagits tillbaka på ett effektivt sätt. Vad ni kallar för magi är för oss naturliga saker. Vad ni kallar för stora uppfinningar är för oss enkla och lättfattliga. Vad ni kallar för regeringar är för oss maktlystnad och missbruk av den inre visdomen. Så nog behöver ni lära er!

Vi önskar er lycka på er fortsatta resa. Vi finns alltid här och om ni önskar kontakt med oss så är ni alltid välkomna direkt eller via våra kontaktpersoner Helis, Solmannen och Hella, Solkvinnan!"

En man och en kvinna trädde ner från podiet, rakt fram till oss och omfamnade oss. Helis och Hella! Det var våra nya kontakter. De bad oss   att bara tänka på någon av dem när vi behövde dem, så skulle vi få svar. Vi bugade och drog oss baklänges tillsammans med Ranira ut ur salen. Lydia trillade förstås på sina långa kjolar och föll pladask så det hördes långa vägar. Jag skyndade mig att hjälpa upp henne och tittade nervöst mot podiet. Det syntes flera leenden, tydligen saknades inte humor däroppe.

29. Hos drak- och reptilfolket

"Nu fick ni lite att tänka på", sa Ranira med ett godmodigt smil när vi klev upp i vår lilla vagn efter att ha gett hästarna klappar och uppmuntrande ord. Jag vände mig om och gav det vackra huset en avskedsblick. Lydias tåreflöde såg ut att öka och snart snyftade hon högljutt mot Zoas axel så att Ranira fick ta den lille pojken i sitt knä.

Jag förstod att den fysiska Lydia hade gripits av skönheten och allvaret i vad vi nyss upplevde och att minnen från hennes sista jordeliv plågade henne. Men våra minnen från jordelivet fick inte störa vårt uppdrag och det sa jag till henne. Vi fick dessutom snart annat att tänka på.

Det hade mörknat, precis som det gjorde hemma. Zoas och Raniras lille son satt i vagnen när vi kom, tillsammans med en äldre kvinna med vänligt ansikte. Hon berättade tydligen sagor, för han lyssnade med öppen mun. Det kändes tryggt och bra att känna hästarnas lukt, som var välbekant från Jorden. De travade på ganska snabbt, ivriga att göra undan den värsta vägbiten på bergshyllan innan det blev kolsvart. Jag vet inte hur vi kunde komma ner så snabbt, men plötsligt körde vi på den raka vägen och mörkret hade tagit över fullständigt. Däremot hade lyktor tänts, både i vagnen, utanför vagnen och på hästarna. Till och med tyglar och tömmar lyste med ett skarpt, klart ljus. Det hade nog inte uppfunnits på Jorden än!

Det tog inte lång stund att komma till Raniras hus. En arg Kyra kom emot oss, hon kände sig förbigången och hade velat vara med hos de vise. Ranira måste lova henne att de snart skulle fara dit igen.

"Är det kanske dags att åka hem igen?" undrade jag när vi satt bänkade i det trivsamma vardagsrummet (matrummet, arbetsrummet, teverummet...) och pratade om dagens äventyr. Ranira skruvade på sig.

"Nej", sa han till sist, "ni får inte åka hem ännu. Jag har fått i uppdrag att ta med er till en annan planet. Ni ska besöka en reptilplanet. Det finns många sådana i universum och det behöver ni känna till."

"Inte jag", skrek Lydia. "Jag vill inte. Inte reptiler! Jag är rädd för ormar och stora ödlor och..."

"Drakar?" fyllde jag vänligt i.

"Drakar är väl inga reptiler", snäste Lydia. "Drakar är underbara, stora, härliga, kloka, snälla ...hmhmhm..."

"Härliga kloka vadå?" avbröt Ranira skrattande. "Drakar är urtypen för reptilfolken. Det är nog bäst du följer med, annars fullgör du inte ditt uppdrag. Vi kan hålla i dig om du är rädd."

Så blev det. Lydia följde snällt med efter att med Zoas hjälp ha bytt om till lämpligare kostym, à la tropik. Höga stövlar, vit kostym och tropikhjälm klädde henne alldeles utmärkt.

Vi herrar "tog på oss" något liknande, sen satte vi oss i "bilen". Ingen rast, ingen ro på den här breddgraden... Denna gång följde inte Zoa med, men däremot dottern Kyra. Återigen gav vi oss ut på äventyr. Så sanslöst härligt som besöket på Andromeda kunde det knappast bli.

Bilresan förde oss till ett säreget flygfält. Säreget på grund av att det såg ut som ett jordiskt flygfält men var långt ifrån ens något liknande. Här var alla farkoster flygskepp med olika utseenden, och då menar jag verkligen olika. Inte ett var likt ett annat. Det var färgglatt och ganska så ljudligt på den enorma parkeringen.

Tydligen stod man inte i kö i en biljettlucka här. Ranira körde ända fram till ett skepp, ställde "bilen" där och tecknade åt oss att klättra upp. Han försvann med sin farkost och vi klättrade uppför en ganska kraftigt tilltagen stege och satte oss i den ganska trånga kabinen. Där satt redan en hel del människor - varelser?

"Vi lyfter nu för att fara till Eta Draconis", berättade Ranira som snabbt dök upp och satte sig bredvid Kyra, framför oss. "Det är den äldsta drak- och reptilplaneten. Man är förberedd på er ankomst och ni kommer att bli mycket väl bemötta. De var krigiska förr, men så sent som på 1990-talet har allting ändrat sig för dem. Ni får höra mer när vi kommer dit."

Bakom oss satt ett par som förmodligen var draconier. Deras huvuden var klart draklika, deras ögon gulaktiga och munnarna mycket stora och breda. De hade inget hår, huden var fjällig och grönlysande. De försökte tydligen vara vänliga och smålog, något som förvred deras ansikten till hemska masker. Jag smålog tillbaka och då satte sig paret tillrätta, nöjda med människornas uppförande. Invärtes rös jag vid tanken på att träffa en massa liknande, konstiga individer. Trösten var att vi var lika konstiga i deras ögon.

Det gick fort att åka till drakplaneten. Lydia hade somnat, det hade ju varit en tröttsam dag. Jag tyckte att det bara hade gått ett par minuter när Ranira skakade min axel.

"Somna inte, nu ska vi landa!" ropade han i mina öron. Det hördes nämligen ett förskräckligt brakande och knakande när vi tog mark, och UFO:t vinglade fram och tillbaka innan det blev stilla och verkade stå stadigt. Jag satt kvar i stolen tills de drakhövdade rusat ut ur farkosten. Sen väckte jag Lydia och nedanför trappan stod Ranira och hans dotter och väntade på oss.

Bakom dem såg jag ett myller av drak- och ödlehuvuden i vanliga kläder, ivrigt viftande som om vi var två kungligheter. Som vanligt fann sig Lydia genast i situationen och viftade nådigt småleende tillbaka. Jag förstod att hon ämnade spela drottningrollen tills hon såg var vi hade hamnat.

Jag gick fram till Ranira och den egendomlige mannen med uniform och krokodilhuvud som mötte oss. Då utbröt ett våldsamt skratt från folket bakom honom och jag vände mig förvånad om. Jag såg bara Lydias förtjusande bakdel och en ursinnig kvinna som kravlade sig upp från marken. Hon hade tydligen snavat på trappan, kanske för att hon hade stoltserat med att malligt hålla huvudet för långt bakåt. Nu låg hon där till stor fröjd för folkmassan.

Ett antal ödlemänniskor rusade fram och hjälpte upp henne, något som Lydia inte alls gillade. Hon försökte hålla sig rak och med en min av oberördhet seglade hon fram till mig, mer eller mindre omedveten om sin nya, något egendomliga omgivning. Det var inga skrattsalvor längre utan vänlig omtanke om henne, och jag förstod att det här var ett ovanligt folk.

"Man ber om ursäkt att man inte tidigare talade om för din ledsagerska att det var halt här", sa Ranira till mig. Jag smålog och nickade och nickade och smålog och viskade åt Lydia att göra detsamma. Hon förvandlade genast sin högdragna min till vänlig och tacksam och skakade händer med alla som skockades omkring henne.

Kyra som följt det hela med synbar förtjusning ropade till alla som ville höra:

"Vi har för vana att hälsa på detta sätt när vi kommer till nya planeter!"

På det sättet slapp Lydia känna sig skamsen och förvirrad. Mannen som Ranira pratade med bar uniform och tycktes vara av hög rang här. En liten ödlekvinna hade lyckats krypa mellan Lydia och Kyra och trumpetade med hög röst:

"Vi har skickat Pyriocanin, som är högsta befäl här, för att möta er. Han kommer att föra er till slottet där ni får träffa de kungliga högheterna och dinera med dem." Hon bugade sig djupt för oss och försvann sedan.

Mannen i den vita uniformen såg ut att tappa koncepterna. Han harklade sig och sa:

"Ni är mycket välkomna hit och jag ska föra er till kungligheterna, som otåligt väntat på er ankomst sen de fick veta att ni var på väg hit." Han bugade sig så att de gyllene revärerna och epåletterna och kedjorna på uniformen muntert klirrade. Därefter förde han oss till två farkoster av ännu ovanligare slag än vanligt. Jättestora ödlor, förmodligen drakar, korn fram och ställde sig framför oss. Det var nog något slags ödlor, eftersom deras huvuden var mindre än drakars och mest liknade sköldpaddor med utdragen nos. Vi vågade inte tveka. Först satte sig Ranira och sedan Kyra på den ena, så Lydia och jag på nästa.

Jättedjuren var försedda med eleganta, gulddekorerade sadlar, som faktiskt var riktigt sköna att sitta i. Lite skakigt kändes det förstås när de reste sig upp i sin fulla längd, och än värre blev det när de bredde ut sina vingar och flög upp i luften med oss. Nu var vi drakryttare vare sig vi ville det eller inte. Men vi satt ganska säkert i en gyllene bur, nära varandra och fastsurrade med gnistrande rep. Lydia var förstås väldigt rädd, men det var till tröst för oss båda att vi satt tillsammans. Det kändes nog likadant för Kyra, tror jag. Jag småskrattade när jag tänkte på att här var det kamelritt på drakar!

Landskapet nedanför oss var ingen överraskning. På alla planeter fanns berg, sjöar, hav, skogar, öknar och mer eller. mindre odlad mark. Så var det här också. Men proportionerna var större än vi sett förut. När vi såg slottet därnere så var det förstås gigantiskt. Våra levande flygplan sänkte sig sakta och försiktigt ner i dalen, där det stora slottet låg som en skimrande juvel i allt det gröna.

Jag konstaterade att det var ett drakhuvud jag klappade när jag klivit ner på fast mark igen, fast mindre och snällare. Lydia var slak och ganska blek när Kyra kom rusande med strålande. ögon och ropade:

"Oooh vad det var skööööönt! Sådana här farkoster måste vi skaffa på vår planet också! Jag ska be pappa fråga..."

Hon försvann tillbaka till fadern lika snabbt som hon kommit. Ranira gick tillsammans med generalen eller vilken titel han nu hade och vi slöt oss till dem.

Vi hade tydligen landat alldeles utanför slottet ty en enorm port öppnades framför oss och vi steg in. Ytterligare en enorm port öppnade sig och sen ytterligare en, lika enorma alla tre.

"Här får inga fordon av något slag komma in", sa generalen. "Slottet är väl skyddat bara av den åtgärden och det finns djupa vallgravar runt omkring, som drakarna förde er över. Nu kommer vi in i förhallen."

Efter förhallen var det ytterligare två förhallar, jättestora förstås och dekorerade med konst och statyer, allt i jätteformat. Så äntligen kom vi till kungaparets mottagningsrum.

Det var inte så stort men så hemtrevligt som nu drakar kan ha det. Det var fyllt av statyer och målningar, men också av bekväma sittmöbler i olika storlekar och bord med dukar av guldbrokad. Kungaparet var något i hästväg - förlåt, i reptilväg. De satt inte på de två höga tronerna utan låg på golvet i färd med att leka med sina små barn (inte små, storleken varierade, men antagligen ganska unga). Drottningen reste först på sig, borstade av brokaden och kom fram till oss.

Har du kramat en krokodil någon gång? Gör inte det! Både Lydia och jag hostade en lång stund efteråt. Och då var det kungens tur. Som väl var tog han det försiktigt, klappade herrarna på axlarna så knäna sjönk på oss och kramade våra händer. Det kändes inte, för våra händer försvann i hans klor.

"Tack för att ni kom! "mullrade han och gnäggade till. Det var förmodligen ett skratt. Lydia la armen om Kyra, som äntligen verkade lite rädd.

"Då går vi och äter, då!" sa drottningen, "så vi får prata lite med våra celebra gäster. Jag längtar så att få höra om både Jorden och de andra planeterna ni har besökt. Vi har minsann att prata om, kära ni!"

Med blandade känslor följde jag med de andra till matsalen. Den var förstås också gigantisk. Ett mindre bord var dukat i en hörna och där satte vi oss. Jag rös invärtes vid tanken på vad vi kanske måste sätta i oss för artighets skull.

Det blev prat hela tiden och vi beskrev våra planetfärder så gott vi kunde. Men maten var en stor överraskning. Den bestod av utsökt goda, vegetariska rätter av olika slag. Kungaparet åt något annat som var i större portioner, men jag ville nog inte veta vad det var. Det blev faktiskt en utsökt och väldigt trevlig måltid och efter den gick vi ut i trädgården. Den var mycket välskött och vacker, men naturligtvis i mycket stort format. Vårt värdpar ansträngde sig verkligen att vara trevliga· och underhållande och lyckades trolla bort all rädsla och till och med respekt hos oss alla fyra.

Efter en verkligt trevlig stund i trädgården var det dags för sightseeing. De massiva farkosterna med stora ödlehuvuden eller små krokodilhuvuden, vilket det nu var, kom genast flygande och parkerade så nära oss de kunde. Generalen med det konstiga namnet hade varit med oss hela tiden och han var den som blev vår ciceron på turen. Kungen och drottningen återvände till sina plikter, som de sa, och vinkade till oss när vi satt oss i sadelburarna. Vi vinkade tillbaka och så var kungabesöket över, trodde vi.

"Skönt att inte behöva fjäska mer!" utropade Lydia när de starka vingarna med en kraftig smäll lyfte från marken. "Man ser bra häruppifrån och vet du, Janne, jag kan prata med de här två pegasusarna. Man får stå nära öronen och jag har döpt dem till Glader och Kloker som i sagan om Snövit."

"Pegasus var en häst", avbröt jag, "som framsprang ur blodet som sprutade när man högg av Medusa huvudet." Lydia skrattade. Hon var ju historiker.

"O, dessa gamla sägner", sa hon. "Kan man inte resa i dem lika väl som vi reser bland planeter? Jag älskar sagor och jag skulle vilja resa i dem. Vi kan fråga Pilgrimen när vi träffar honom igen!" Men jag hörde inte på henne.

"Titta, sådant egendomligt landskap!" ropade jag. Lydia

lutade sig sidledes samtidigt som hon tog ett stadigt tag i min arm. Det var verkligen egendomligt och oframkomligt och jag hoppades att vi inte skulle ner här, då våra farkoster sänkte sig ner mot trädtopparna.

Därnere var en slags djungel. Inte en vanlig, grönskande och lockande djungel, utan en snårig, bladlös djungel av kala hopsnodda grenar och mellan dem brunt vatten som liknade ett träsk. Vattnet skymtade bara fram och det såg allt annat än lockande ut. Våra farkostdjur snirklade sig fram och knäckte torra grenar så det brakade om det. Men de landade inte, guskelov! Plötsligt var de jämsides och generalen, som satt på det andra djurets nacke, ropade:

"Vi ska inte landa här, det bor ett träskfolk därnere. Sådana här träsk finns på många ställen. De här folken gillar att stjäla både saker och människor. Sådant kan vi inte tillåta. Ibland krigar vi med träskfolken, och för det mesta vinner vi."

Han lät höra ett skratt som mest lät som ett kraxande. Jag såg för mitt inre öga hur förskräckligt ett sådant krig måste vara och hoppades att vi skulle komma till trevligare trakter. Det dröjde heller inte länge. De snåriga träskmarkerna försvann och gav plats för grönskande ängar. På en sådan sjönk vi ner och började beta. Ja, inte vi människor förstås, men våra farkoster var tydligen gräsätare. Generalen sprang genast fram till oss. Hans krokodilansikte sken av välvilja och den stora munnen log. Jag ville helst inte se hur många tänder han hade, långa och spetsiga som de var.

Vart vi än kom på andra planeter tycktes förplägnad vara en lätt och välordnad vara. På den vackra ängen, på en alldeles vanlig trädstubbe, stod en bricka med välsmakande drycker och sött och gott bröd. Tydligen användes mycket honung i matlagningen. Jag frågade.

"Vi använder honung till nästan all mat", svarade generalen. "Bin är våra bästa vänner och vi ser till att de har det bra. Bikupor finns överallt, i städer och på landet, ja till och med i vissa träd. Roligt att ni uppskattar honung! Nu flyger vi över ett träskområde till, sedan ska ni få se en av våra städer."

Jag såg att Kyra var både tagen och medtagen och jag undrade om det var klokt att ha henne med. Men hon kurade in sig under sin pappas arm och det var han som måste ta ansvaret för henne. Jag gav henne ett uppmuntrande leende.

"Nu är det så", fortsatte generalen, "att våra kära flygdjur är väldigt förtjusta i en viss sorts växter som bara finns på marken i träsken. Ni får inte bli förvånade om de stannar till i nästa träsk för att äta. Då ber jag er att sitta kvar stilla i ryggkorgarna. Ni får under inga omständigheter lämna era platser, vad ni än ser. Jag ska se till att vi snabbt lyfter igen om det nu faller djuren in att vilja landa. De brukar låta tala med sig, våra kära farkostdjur."

Vi for vidare. Jag började bli sömnig och såg ögonen falla igen på Lydia. Det blev lite enformigt att flyga på det här sättet, även om det kändes tryggt. Jag somnade. En smäll gjorde att jag vaknade och förskräckt såg jag att vårt djur damp i marken bredvid sin kompis. Båda betade allt vad de orkade.

"Sitt kvaaar!" hojtade generalen och Ranira. Lydia hade också vaknat och vi såg oss omkring. Det som inte fick ske hade skett.

30. Farliga träskmarker

Det luktade konstigt. Vi befann oss i träskmarken och ljuset höll på att bli svagare. Glader och Kloker låg, satt eller rörde sig långsamt på en tätbevuxen äng. Höga, kala träd omgav den stora massan av växter som tydligen var namnam för våra flygare. De åt så det brakade om det och man hörde inget annat för det lät som ett dussin flygplan som surrade i luften. Men det var inte det enda som hände.

Sakta närmade det sig människor - eller var det inte människor? Det är svårt att beskriva dem eftersom de alla hade människokroppar med de mest olika huvuden. De var helt nakna, men de flesta var yvigt hårbeklädda på kropparna. De liknade mer djur som gick på bakbenen, tyckte jag först. Sedan ändrade jag mig, för varelserna gick smidigt med helt mänskliga rörelser och de bar alla pilbågar över axlarna. De såg inte särskilt vänliga ut. Deras ögon, dvs. de ögon som syntes genom hårtestarna, såg kalla och grymma ut. Nu hojtade generalen igen:

"Försök att få ert färddjur att lyfta! Kyra har viskat i vårt djurs öra, gör likadant!"

Det blev förstås Lydia som fick viska om lockande mat som väntade och annat hon hittade på. En av de främmande bestarna hade hunnit fram till vår drake när deras började lyfta, långsamt och med munnen full av växter. För att prata i vårt djurs öra måste Lydia hänga om dess hals en kort stund. Då lyckades en av spjutbärarna få tag i hennes ena fot och jag kastade mig ur buren och drog åt andra hållet. Äntligen hade vårt färddjur förstått att det var fara å färde, för även det slet loss en stor tuva växter och började stiga uppåt. I sista stund fick mannen därnere bara av Lydia skon och hon befann sig i trygghet i mina armar. Jag satte oss i buren på vår kamelsadel och stängde dörren efter oss. Vårt välsignade urdjur steg raskt till väders. Som vanligt snyftade Lydia i min famn.

"Det här är en otäck planet, jag vill inte vara kvar här", snyftade hon. "Jag tycker om Glader och Kloker, men nu orkar jag snart inte längre. Jag vill heeeem!"

Vi satt emellertid trygga i vår lilla bur till nästa landning. Det var mitt inne i vad som kallades för "stan". För så värst mycket stad tyckte jag inte det liknade. Visst var det stora, höga byggnader som stod nära varandra. De var gjorda av ett grått material och hade olika former. En del hade genomskinliga, gröna kupoltak, andra hade egenartade utväxter som gjorde ett hus till två. Generalen hoppade ner till marken och vinkade åt oss att göra likadant.

Lydia hade använt sin förmåga att skapa till att ge sig ett par nya vita skor med bekväma klackar. Hon hade även hämtat sig från första förskräckelsen, klappade våra färddjur på nosen och trippade efter vår guide på ett kullerstenstorg som påminde om Gamla stan hemma i Stockholm. Hela platsen gav ett grådaskigt intryck, men när generalen slog ut med händerna och frågade om vi inte tyckte att det var vackert, nickade vi utan entusiasm.

Folk promenerade överallt vi såg, och det var sådant folk som vi förstod bodde här. Huvuden och överkroppar var lika olika djur, mest krokodiler eller ödlor, men också obeskrivliga blandningar. Underkropparna verkade vara vanliga människoben som gick eller sprang eller hoppade som vi. De var många. De knuffades och trängdes och skrek och vrålade och glodde allt vad de orkade på oss.

Generalen såg till att de inte kom nära, han hade satt en ring med stora, starka personer mellan oss och det obeskrivliga folket. Vi gick in i en hög, rund byggnad som var lika grå inuti som utanpå och där det luktade fukt och mögel.

"Detta är vårt Folkehus", berättade den ivrige generalen. "Här har vi uppträdanden, förevisningar (av vad sa han inte), konseljer och andra möten. Visst är det fint här?" Vi nickade och smålog hela tiden, det var det enda vi kunde göra.

Självklart kan inte alla bebodda planeter ha mänskliga invånare. Vi människor är alltför egocentriskt inställda. Det måste vi komma ifrån när världarna en dag - som kanske inte är så avlägsen som vi tror - möts i kosmiskt brödraskap. Vi måste lära oss att acceptera och respektera varandra, Det visste jag, men tydligen inte den lilla rädda och oförutsägbara Lydia. Harigare ängel får man leta efter. Hon kröp ihop bakom min rygg och verkade helt vilsekommen.

Inomhus påminde mig byggnaden om min gamla skola -

inte precis något roligt minne. Allt var grått och en grå stentrappa ledde till övervåningen där allt var lika grått. Generalen var lyrisk och det var inte lätt att hålla med i de entusiastiska svängningarna. Jag kände mig snart lika grå som allt annat grått och det kom som en befrielse när generalen erbjöd middagspaus.

Sedan tänkte jag ursäkta oss med att vi måste vara tillbaka på vår hemplanet en viss tid. Det verkade som om man visste vad tid var på den här planeten. Att vi inte skulle till någon planet alls kunde jag inte tala om, ingen här hade förstått oss. Folket här trodde att hela världsrymden såg ut som hos dem och de betraktade oss som några slags övernaturliga väsen, enligt vad generalen med diverse blinkningar och miner förklarade. Krokodiltänderna blänkte i hans grönbruna ansikte.

"Just nu är det ganska lugnt i vårt land", förklarade generalen. "Vi har ofta krig annars. Vår kung är svag och absolut ingen strateg och vi hoppas bli av med honom snart. Då blir det inte roligt att vara här när orosmolnen tornar upp sig. Jag vet att något stort och oundvikligt ska ske på Jorden, så ni får er beskärda del av rensningen. Snälla ni, ge oss en positiv tanke då och då."

Det lovade jag. Lydia hade fått syn på något som föreföll som en zoologisk park mitt ibland de grå husen. Generalen bjöd oss på eftermiddagste i den parken, så Lydia fick sitt lystmäte. All rädsla och trötthet försvann hos henne.

"Har vi samma gud?" frågade jag generalen, som smålog förtjust. De andra och Lydia hade begett sig på en egen liten safari till fots runt de höga stängslen.

"Det är ingen fara för våra besökare", försäkrade han. "Som svar på din fråga vill jag säga att ja, det kan man säga att vi har. På hela den här planeten dyrkar vi en enda skapelsegud, även de vilda typerna som tog Lydias sko." Han gnäggade som en häst och jag tyckte ett ögonblick att han liknade en.

"Det är en oskriven lag att vi dyrkar gud, men sen har det tillkommit en förskräcklig massa undergudar. De har inte på långt när samma makt som vår härskande gudafader, men de är anpassade till många olika folkstammar här. Förstår du?"

Jag nickade och beslöt att nöja mig med det svaret. Man kan kanske säga att alla våra olika religioner motsvarar deras undergudar. När Lydia, Kyra och Ranira kom tillbaka hade generalen och jag uttömt alla frågor om den här planetens styrelse och olika sociala lagar. Det var i alla fall en av de planeter och stjärnor vi besökte som inte var fulländad. Men den befann sig väldigt långt från Jorden och det var inte sannolikt att den skulle kunna påverka oss på något sätt.

Styrelsesättet och grundläggande värderingar på de flesta av de planeter som vi besökte var likartade. Grundläggande för dessa samhällen är Kärleken, en Kärlek som baserar sig på en genuin inre medkänsla för själens tillväxt och en genuin yttre medkänsla för varandra. På denna bas vilar fyra gudomliga lagar, inspirerade av den Andliga Hierarkin:

Lagen om En: Varje varelses mål är att upptäcka och följa sin Själs önskan vad gäller personlig tillväxt och tjänande.

Lagen om Två: Skaparkraften upplevs i en kärleksfull relation med en annan varelse. Denna närhet definierar parets gudomliga tjänande av varandra och andra.

Lagen om Tre: Nära band med sig själv, med de närmaste, med vänner, familj och klan skapar ett planetariskt nät. Man litar på varandras styrkor för att skapa ytterligare styrka.

Lagen om Fyra: Denna lag är som Lagen om Tre fast utvidgad mot större grupper såsom klan-mot-klan och planet-mot-stjärnnation.

För att hjälpa varandra i tillämpningen av dessa kärleksmotiverade lagar är ett galaktiskt samhälle ofta uppdelat i vad man kan kalla "små klaner" eller. "podlets". En podlet består av upp till 64 personer med likartad livsväg: healers, andliga föregångare, ingenjörer, vetenskapsmän etc. Inom en podlet stöder de äldre de yngre med utbildning. Kunskap och visdom värderas högt. Målet med utbildningen är att bygga upp en hög självkänsla och en personlig suveränitet och att maximera Glädjen och Kärleken inom varje individ.

Den större "grupperingen" som omsluter och stöder en podlet kallas en pod, som består av upp till 500 podlets. Därefter följer Klanen som består av upp till 11 000 pods. Ett större antal klaner bildar en Stjärnnation. En viktig grundprincip är att individen får stöd, näring och styrka av samhället och att individen i sin tur ger tillbaka av sin styrka till samhället.

Så ungefär vill jag beskriva styrelsesättet i vår rymd. Det funderade jag ut när jag satt i den bekväma stolen på flyget mot Andromeda, där Kyra och hennes pappa bodde.

På vår resa bland planeter har vi mött kungar och drottningar - och förundrats! På Jorden är de snart utrotade, inget land har längre kungar och drottningar som verkligen regerar. Kungligheter är bara galjonsfigurer som sitter i skeppets för. Ingen frågar dem till råds för de kan inte svara, endast vinden kan tala med dem. Vinden är för lätt och glad för att bry sig. Jordens kungligheter är luftens aktörer. På andra planeter är de viktiga deltagare i allt. De styr skutan och lyckas mestadels kryssa igenom bränningarna och rida ut stormarna.

Samtidigt deltar folket, och de grupper som det är indelat i har oinskränkt makt och kunskap. Brister det någonstans så hjälps alla åt. Vi har mycket att lära av alla våra grannar i rymden. För ingenstans är friheten fängslad - utom på Jorden. Vad som egentligen börjar nu är en frigörelse så gigantisk och genuin att den skapar rymdhistoria!

"Din panna är lika rynkig som en valnöt!" Det var Lydias glada röst. Vi hade nått fram till fältet där vår rymdkapsel stod färdig att föra oss·- ja, vart visste vi inte än, men troligtvis tillbaka till Jorden. Generalen hade följt oss hela vägen och ivrigt pratat med Ranira medan jag var försjunken i tankar. Kyra hoppade hit och dit och var nyfiken på allt. Då och då avbröt hon pappans konversation med generalvarelsen. Det konstiga var att planeten vi just skulle lämna mest påminde om Jorden, i alla fall om man betraktar den negativa strukturen. Naturen hade också många likheter med vår men var kanske lite kargare.

Det kändes konstigt att lämna just nu, men Lydia var envis. Jag tror inte heller att Kyra hade lust att stanna längre, hon längtade hem.

"Nåå, hur känns det?" frågade Ranira när vi tackat för oss och tagit plats i rymdfärjan. Jag förklarade lite av mina tankar och att jag var ganska glad åt att avsluta besöket. Samtidigt undrade jag varför vi människor är så rädda för allt som är annorlunda, ja allt som inte liknar oss och vår egen världsbild. Nu hade jag fått svaret. Inte sant, mina kära systrar och bröder på Jorden: Allt måste vara likadant som vi tänker

oss det och vi kan väl inte tåla att det klampar omkring
människokroppar med djurhuvuden. Vi kan inte tåla
anomalier, eller hur?

Vad är då kärlek, om vi inte accepterar Allt?

31. Framgång eller tillbakagång

Det var frågan jag ställde till Pilgrimen, ty han var det första vi såg när vi gick nerför landgången. Vi hade landat utanför Raniras och Kyras hem på den vackra planeten Andromeda. Vi hade inte behövt kalla på hjälp, men nog var mina tankar - och kanske även de andras - ett rop på hjälp. Jag ville Kärlek men visste aldrig om det jag kände räckte till.

Lydia och Lissa rullade runt i gräset, men jag ställde frågan till Pilgrimen, för jag orkade inte bära på den längre. Hur får man Kärleken att räcka till och vara varaktig?

"Du måste omvandla dig själv, både ditt inre och ditt yttre jag till Kärlek", svarade han med ett varmt leende. "Det trodde jag du visste, min vän Jan! Om man vill vara Kärlek måste man utstråla Kärlek och tänka Kärlek. Att vara Kärlek helt igenom är något av det svåraste som finns."

"Du gör det", muttrade jag och tillade: "Ändå vet jag inte vem du är."

"Innan ni reser tillbaka till er himmelska boning så får du veta det!" lovade han leende:

Zoa kom ut ur huset och bad oss komma in och äta middag. Jag tittade på solen. Förmodligen var den i dalande, för jag såg den inte. Lydia dansade in före mig, hon var utom sig av glädje inför hemresan. Men den skulle inte ske så snart som hon trodde.

"Jag har något att berätta för er", sa Zoa när vi hade avslutat den delikata vegetariska middagen. Eftersom vi var i våra fysiska kroppar hade jag njutit alldeles extra. "Medan ni var hos reptilerna och tydligen hade väldigt trevligt", hon såg en aning spydig ut - "kontaktades jag av de tre lekarna."

"Oj, är du sjuk?" utropade Lydia förskräckt. Kyra gav till en hög fnissning och sprang ut ur rummet.

"Lekarna är en slags kommunikationssystem som finns här", förklarade Pilgrimen. "Ibland är det bättre med levande meddelanden än sådana på väggen."

"Ja", fortsatte Zoa, "vi fick bannor för att vi inte meddelat dem att ni var här. Det hörde absolut till våra nödvändiga åtaganden. Jag bad om ursäkt. Då fick jag lova att när ni kom tillbaka hit måste ni träffa några ur vår ledning för utbyte av erfarenheter. Ni sover förstås över i våra gästrum. De kommer hit och hämtar er i morgon bitti."

"Jag trodde vi skulle få åka hem nu!" Lydia lät förtvivlad.

"Det får ni snart göra!" Pilgrimen nickade bekräftande. "Men den här gången följer Lissa och jag med om det kan hjälpa!"

Det gjorde det definitivt. Och så kom det sig att vi övernattade i detta bekväma, annorlunda hus och sömnen gav oss krafter till ännu en okänd dag.

Den okända och oförutsedda dagen lyste med varma strålar på oss när vi vaknade till frukostringningen. Badrummet med liknande inredning som på Jordens yta, besöktes i hujande fläng och en strålögd, rosig Lydia infann sig i ljusblå, pärlbroderad byxdress. Vi hann knappt äta färdigt förrän en svävare stod utanför porten och vi klev upp i den. Där satt Pilgrimen med Lissa och smålog hult åt oss. Jag såg på Lydia att när Lissa var med så hade hon inga bekymmer. Han visste inte heller vart vi skulle, eller också ville han inte tala om det. Och plötsligt seglade vi in i ett blått töcken.

Var det rymd eller var vi på väg till en ny planet? Pilgrimen, som satt framför oss, vände sig om med ett strålande leende.

"Nu förstår jag vart vi är på väg!" utropade han. "Vi är kvar på vår kära jord, bara lite i underläge!"

"Jag vet!" utropade Lydia triumferande, "Vi är i Agarthas huvudstad Shamballa."

"Det var några där som ville träffa er", fortsatte Pilgrimen, "det är ju ett viktigt budskap ni för mer er till de himmelska sfärerna. Det är tydligen något ni ska ta med i bagaget."

Agarthas pärlemorskimrande byggnader kan inte överträffas i skönhet och elegans. Somliga skrämmer de, men inte på ett hemskt sätt, bara överdådigt. Det är ett lärdomssäte som innehåller absolut ALLT, men bara i god bemärkelse. Vi insöp allt vi såg med hungriga ögon. Nu var vi inte i våra mänskliga gestalter längre, i Shamballa vistades mest femdimensionella varelser. Och hundar? När vi tittade på Lissa så hade hon en ny, stolt hållning med nosen rakt fram och svansen i vädret. Hon skimrade hela hunden, och jag undrade om vi också skimrade. Det behövde jag inte fråga; för

Lydia liknade mest ett gnistrande tomtebloss. Förmodligen gjorde jag det också, men jag ville inte veta. Jag ville bara veta varför vi måste till den här fantastiska staden.

Den glimmande Pilgrimen gick före oss och rakt igenom en dörr. Jag fick faktiskt lite ont i ögonen av allt gnister omkring mig, det var så osannolikt ljust. Vi följde som vanligt tätt i hans spår. Jag har aldrig sett en hund föra sig som Lissa. Hon gick som om hon var en drottning, alltid högburet huvud och mestadels dito svans. Jag förstår att min änglakamrat var fascinerad av henne. Nu önskade jag nästan att allt inte hade varit så perfekt och felfritt. En känsla av tråkighet och tristess genomfor mig. Pilgrimen såg road på mig.

"En vanlig reaktion, Janne", uppmuntrade han. "Det är för bra och därför kan det inte vara sant. Människan är en väldigt sammansatt individ. Men se dig omkring lite bättre nu!"

Vi hade kommit in i ett ganska stort rum. Det var inte så pråligt elegant som vägen in dit, det var ganska vanligt och mycket trivsamt. En stor öppen spis sände välsignad värme. När jag tänkte på det så hade vägen hit varit ganska kylig. En ring av bekväma stolar var placerade framför brasan. Jag räknade till sju. Pilgrimen bad oss sitta ner, så vi sjönk ner i varsin länstol bredvid honom. De andra stolarna var tomma. Först var det alldeles tyst. Så kände vi doften av enris från brasan och en svag musik hördes. Fyra personer i guldglänsande kåpor kom in, bugade sig mot oss och satte sig i de tomma stolarna. Det var Mästaren Saint Germain, Mästaren Melchizedek, Mästaren Morya och den kvinnliga Mästaren Nada. Jag saknade Mästaren Lanto, han brukade aldrig vara långt ifrån Saint Germain. Då reste sig Pilgrimen upp, slängde av sig pilgrimskåpan och stod där i samma guldglänsande kåpa som de andra. Han bugade sig mot oss.

"Kära vänner", sa han och tittade på oss med skratt i ögonvrån. "Får jag presentera mig: Jag heter Lanto!"

Den högtidliga stämningen bröts av ett skall från Lissa. Alla började skratta och det blev i stället glädje och kramar. Jag kände mig ursinnigt lycklig. Det här skulle bli ett fint slut på vår planetfärd. Dessa Mästare kände jag allesammans och jag älskade dem som bröder. För Lydia var Nada en syster. På något sätt var vi hemma redan nu. Det var Saint Germain som började tala.

"Vi vill bara komma med några avskedsord till er från det jordiska Agartha, som ni kan ta med er och minnas däruppe i himlaregionerna. Egentligen gäller det inte er två, Lydia och Jan, utan läsarna av den här boken. Det är verkligen himlastormande tider som nalkas vår vackra Jord och människorna behöver förberedas för dem.

Som ni säkert vet fast ni inte lever på Jordens yta, har onda tider med brott, hat, avundsjuka och maktbegär installerat sig så ordentligt på Jorden att den fyllts till brädden av deras sviter. Så var det också tyvärr meningen. Utan att ni vetat om det har despoten och tyrannen Annunaki styrt er ända tills nu. Alla regeringar på Jorden har agerat efter hans pipa, de har varit lydiga och trogna tjänare åt ondskan personifierad. Men det finns alltid en god falang som handlar efter egen förmåga, som inte syns, men som är verksam i sitt underläge.

Till slut - men det har dröjt ända tills nu - har Annunaki måst dra sig undan eftersom Jordens bundsförvanter, så många i universum, ställt upp för att hjälpa er genomföra stora förändringar. Jorden behöver hjälp och hjälpen är på väg - den har redan börjat verkställas! När Lydia och Jan kommer hem till himlavärlden igen så kommer Jorden att vara i uppror. Det är emellertid viktigt att hjälpa de goda och de ovetande, och det finns många Vänner som är redo för det. Ni känner flera!

Utan minsta antydan om att vara vad ni kallar 'religiös', betonar jag allvarligt att bakom allt står Fadern, som vill ställa allt tillrätta. Fadern, Urkällan, den Store Anden som ni mest kallar 'Gud' är inte Muhammed eller Buddha eller Jehova, eller någon med många andra olika namn som sitter och dömer och fördömer i en okänd himlaflik. Det finns bara en Gud och Fader/Moder och inte förrän det erkänns över hela Jorden så blir det frid eller fred. Det behövs en revolution för att åstadkomma detta och en revolution ska ni få!

Hur det kommer att gå till vill jag inte avslöja ännu. Eftersom universums planeter engagerar sig utan vapen blir Jorden överrumplad. Sakta men säkert kommer människorna att förstå att det finns ett bebott universum, att det finns fler människoliknande varelser än ni och att de vill er väl. Ni blir rädda, men det behöver ni inte vara. Så mycket skräck och fasa sprids via era medier att de nu måste ändra sin attityd. De har makt, men de måste omvandla den till något gott. Kärlek är det lösenord som ska stråla till er ända från det blå valv ni kallar himlen. Kärlek ska regera hela er värld och bevara Jordens storartade, ojämförliga skönhet från och med nu. Alla ska sjunga om Kärlek, tala om Kärlek, viska om Kärlek, ropa om Kärlek, visa Kärlek och le i Kärlek mot varandra."

"Hur försvinner rashat och promiskuitet och annat elände? Vad bryr sig människorna om ord?" frågade Lydia.

"Det blir inte bara ord, det kommer att ske mycket, mycket mer", bedyrade Nada. "De onda kommer inte att klara sig på Jorden längre. För deras del är det slut och de som inte omkommer, de flyttar och flyttas till en annan planet. Det finns gott om planeter, det har ni två ju sett. Men ni har bara sett några droppar i havet, det finns så många fler."

"Det måste också bli en annan sorts musik på Jorden", inflikade Lanto-Pilgrimen. "I Agartha finns vacker musik, men när man vandrar på ytan, som jag gjort ibland, hör man skrällig, bråkig och ovänlig musik, sinnlig på fel sätt." Både Lydia och jag instämde till fullo.

"Jorden ska åter bli vad den var menad för", sa Saint Germain. "Den skapades i överjordisk skönhet och den ska återfå denna skönhet i övermått. På Jorden ska Vänner vandra: Vänner med Varandra, Vänner med Andra, Vänner framförallt med Sig Själva. Det är en av Jordens farsoter, nämligen att inte älska sig själv. Det tycks vara svårt att tycka om sig själv och det man gör. Människor straffar sig själva genom sin kärleksbrist och oförmåga att acceptera varandra.

Men detta behöver vi hjälp med. Massmedia borde kunna vara oss till hjälp, men de vill inte. Där måste det också bli en stor förändring."

"Det är mycket att göra", kommenterade jag. "Hur skänker man tröst i Tröstlösa?"

"Det går", utropade Lanto. "Lissa är en fantastisk trösterska och det finns det fler än hon som är. Alla människor borde ha djur, djuren kan lära dem oerhört mycket. Djuren har själ även om det inte anses så. Det finns djur som har individuella själar som hon och det finns andra som har gruppsjälar."

Detta var Lydia och jag helt eniga med honom om. Vi var ju vänner med Pan!

"Ja, och apropå Pan!" sa helt oväntat Morya. "Det är också meningen att när Jorden gått igenom sin stora förändring och sovit sin skönhetssömn, så kommer naturens andar att finnas synliga på Jorden. Det blir till stor hjälp för er och det går inte att förneka dem när ni väl ser dem med era fysiska ögon."

"Jorden kommer inte att indelas i samma länder som kartan nu visar." Det var Melchizedeks mäktiga stämma som ljöd. "Det blir total nyordning och totalt samarbete som på andra planeter och då får era massmedia lite annat att tänka på än ondska och skandaler. Och ni ska veta, kära barn, att detta inte kommer att ske om hundra år, utan snart, mycket snart. Det är därför denna bok måste komma ut."

"Folk bryr sig inte och kommer inte att bry sig", invände jag trött. Jag blir så ledsen när jag tänker på vår vackra Jord som jag dock fortfarande räknar som mitt hem. Lydia tänkte också i de banorna, hon hade tårglans i ögonen.

Melchizedek reste sig. "Det finns bara ett ord som gäller hela Jorden och det är KÄRLEK!" utropade han.

De fem Mästarna ställde sig i ring omkring mig och Lydia. De tog varandras händer. Det sista jag såg av Jorden var Lissas rufsiga, glada svans, som betecknade det flaggskepp som med oändlig snabbhet förde oss tillbaka till de himmelska regionerna.

32. Epilog

Jans meddelande till läsarna av denna bok:

Det här är mitt sista besök av detta slag på Jorden. Både min vän Lydia och jag har fått nya uppgifter på andra "breddgrader". Lydia har till sin oerhörda förtjusning fått en hundvalp av Lanto Pilgrim. Han var djupt rörd över hennes stora kärlek till hans egen Lissa och när hon fick valpar inuti Jorden i Agartha, tog han en av dem med sig till våra himmelska sfärer, en liten tik som Lydia genast döpte till Lillissa.

Vi måste säga farväl till all kontakt med Jorden i den form jag har förmedlat den. Nu kommer det att hända mycket med planeten, den ska förändras till det bättre och kanske jag får vara med om den förändringen och återse den jord som burit mig så länge på sin grönskande, sköna yta. Men där fanns alltför många fula fläckar och det är dem vi ska ta bort. När förändringens vindar stormar in över er, kära läsare, så tänk på att både naturen och människorna ska få ett skönhetsbad utan dess like.

Vi har varit på resa i Universum Nu ska vi rida på Sanningens strålar i Oändlighetens början utan slut.

Bilaga – Om Nollpunktsenergi

Rent allmänt kan man säga att nollpunktsenergi är det oändliga hav av energi som genomströmmar allt fysiskt, ja hela skapelsen; inte bara de högre subtila planen utan också alla fysiska plan.

Finns det flera existensplan med skilda livsvillkor och finns det en gemensam nämnare för livets manifestering på dessa plan? frågar man sig då. Kanske inte så underligt att majoriteten av dagens fysiker, både kvantfysiker, "Newton-Einstein" falanger och strängteoretiker, förnekar att den här energin existerar.

Det finns dock vetenskapsmän som bejakar nollpunktsenergin. Låt mig kalla dem morgondagens fysiker, de som i sin begreppsvärld inte bara innesluter flertalet existensplan utan även hastigheter oändligt överstigande ljusets och en allt genomkorsande energi. Dessa fysiker arbetar med begrepp som vetenskapligt förklarar att du kan se världen i ett sandkorn och himlen i en vild blomma, hålla oändligheten i dina kupade händer och evigheten i en timme" (William Blake).

Med dessa tankevidgande ord ska jag nu försöka förklara vad nollpunktsenergi är.

På samma sätt som man på medeltiden trodde att Jorden var platt, trodde man att rymden var tom, ett stort vakuum, och att det inte fanns någon kontakt mellan himlakropparna.

På sextonhundratalet började vetenskapsmännen experimentera med att "återskapa" rymden. De trodde att om man avlägsnade all gas från en behållare så tömde man den och den blev helt tom inuti. På samma sätt var det med rymden.

På artonhundratalet började man dock förstå att det fanns s.k. kinetisk energi, rörelseenergi, närvarande i vakuum. Tanken då var att om man kylde ner den här strålningen till absoluta nollpunkten (minus 273°C) skulle man avlägsna denna värmestrålning. Men när man lyckades med bedriften att uppnå den absoluta nollpunkten fann man att strålningen fortfarande fanns där - energin finns alltså fortfarande kvar i vakuum.

Denna energi eller dessa partiklar finns närvarande

överallt omkring oss och vi hänger alla ihop via dem. En annan egenskap - de utbyter information mångfalt fortare än ljusets hastighet. Det var genom dessa experiment som vetenskapen via kvantmekanik och kvantfysik kunde bevisa existensen av detta "något", som skapar en länk och ett samband direkt från den/det ena till den/det andra, om man uttrycker det enkelt så att en lekman lätt förstår.

Föregångare inom nollpunktsenergi (NPE)

Den störste av dem alla är tveklöst uppfinnaren och ingenjören *Nikola Tesla* (1856–1943), född i Serbien men verksam i USA under många år. Han var den som gjorde elektriciteten kommersiellt användbar, och det är hans principer som ligger bakom all den elektronik och alla elektriska tillämpningar vi har i dag. Han uppfann även apparater som drivs med nollpunktsenergi, uppfinningar som motarbetades och fortfarande väntar på att introduceras i samhället.

Flera uppfinnare både före och efter Tesla insåg den starka kopplingen mellan medvetande och vetenskap. De insåg att den medvetna tanken var en del i den vetenskapliga ekvation som de tagit till sin livsuppgift att lösa. En tidig föregångare finner vi i *Christiaan Huygens* (1629–1695), en holländsk alkemist och matematiker, astronom, fysiker och författare. *(Light consists of waves)*.

Bland de stora namnen efter Tesla finner vi amerikanen dr. *Henry Moray* (1892–1974), uppfinnare av "the Moray Valve", en utrustning som drar "strålningsenergi" från "universums energivågor". Han pratade också om ett gränslöst hav av energi som omger och genomsyrar hela skapelsen. Även han kopplar samman elektricitet med medvetande.

Vad är nollpunktsenergi (NPE) och nollpunktfält (NPF)?

Som du säkert har förstått av det som redan nämnts är det ingen lättfångad energi, med den begränsade kunskap och intellektuella kapacitet vi för närvarande besitter som mänsklighet. Det är lite som att försöka väga en spann full med vatten på sjöns botten. Nollpunktsenergin är energiernas energi, om du förstår vad jag menar. Den är nämligen basen för alla andra energiyttringar, den som bygger upp allt, från den mest subtila manifestationen till den mer grova. Sheldan Nidle kallar den för "Creation Energy"

En viktig egenskap som är svår att svälja för majoriteten av den etablerade akademiska världen är att nollpunktsenergin är medveten. Den kan både manifestera en "egen" intention eller avsikt och stödja en mer sammansatt energis intention eller avsikt (t.ex. en fokuserad tanke, en riktad tankeenergi).

Eftersom NPE är en medveten energi och utgör grunden och byggstenarna i all manifestation betyder det att all materia är medveten och att alla energiuttryck är medvetna, från solljuset till trädets utstrålning och uranmalmens radioaktivitet. Poeten talar helt riktigt om en besjälad natur även om vi i den här artikeln hellre talar om en riktad, medveten tanke eller avsikt. I österländsk filosofi benämns NPE för *prana* och *ki* och ges där en mer andlig innebörd.

Som sagt, att med andra verktyg och modeller ringa in NPE är lite som att bita sig själv i svansen, allt är ju uppbyggt av NPE. Vi får därför nöja oss med att peka på egenskaperna, karaktärsdragen, effekterna och på möjligheterna att praktiskt använda detta hav av grundläggande energi.

Men först några ord om nollpunktsfält. Se NPF som ett nät där NPE flyter in, samordnas och hålls på plats, en sorts gjutform eller matris, som existerar både i mikro- och i makrovärlden. Du har kanske sett ett Kirlianfotografi av ett löv? Där ser man ett energifält stråla ut från bladets kant. En intressant iakttagelse är att om man skär bort en del av bladet och fotograferar det på nytt förblir energifältet intakt, gjutformen, nollpunktsfältet berörs inte. Detta hålls intakt från annat plan.

Vad kom då först, hönan eller ägget, energin eller fältet? Det spelar kanske ingen roll. Fältet ger energin organisation och möjlighet att materialiseras på ett lägre existensplan. Som exempel, se på dig själv. Runt dig och inom dig finns en matris som attraherar, organiserar och styr nollpunktsenergin inom alla de myriader livsprocesser som ständigt pågår i din kropp. De portar genom vilka NPE från högre dimensioner strömmar in i din matris, in i din aura, för att manifesteras brukar benämnas *chakran,* av vilka tolv kan anses som större och kraftfullare.

Också här visar Kirlianfotografier att matrisen är intakt även där en hand är bortamputerad.

Egenskaper och karaktärsdrag

Här kommer jag att beskriva en del egenskaper och kännetecken mera som påståenden än som bevis. Bevis enligt det gamla sättet, dvs. akademiskt hållbara bevis, finns det ingen plats för här och i flera fall saknas de helt. Men bevis som ligger mer i fas med det här ämnet och som är lika snabbt som nollpunktsenergin själv har du alltid tillgång till, det omedelbara intuitiva gensvaret i ditt hjärta! Följ det, ett bättre bevis kan du inte få!

- NPE är en scalarvåg. En scalarvåg är en femdimensionell vågrörelse, en nollpunktsenergi på 5D nivå. Scalarvågor har inga "tensorer" (inga dimensioner, ingen höjd, bredd eller längd). Låter det konstigt? Det betyder ju att nollpunktsenergin rent fysiskt bara är en oändligt liten punkt utan någon utbredning åt något håll i den tredje dimensionen, och att en scalarvåg inte är mätbar i 3D, eller hur?

- Ja, dessa icke-linjära vågor existerar i 5D, där det inte finns någon rymd och tid på det linjära sätt som vi upplever dem i 3D. Men dess verkan är ytterst påtaglig i vår 3D-tillvaro och är här en ultrahög elektromagnetisk frekvens.

- Nollpunktsenergin är en medvetet skapande energi som finns överallt och genomströmmar alla dimensioner, från de högre, icke-fysiska, till de lägre, fysiska.

- Nollpunktsenergi gör partiklar till vågor och vågrörelser till partiklar.

- Den moderna fysiken kan inte förklara vad som finns i 95% av Universum och hur det påverkar resterande 5%. All materia är skapad av nollpunktsenergi. All fysikalitet är sammanbunden med allt annat i Universum, allt är sammankopplat med allt.

- Experimentellt har vetenskapen via kvantmekanik och kvantfysik bevisat existensen av detta "något", som sammanlänkar allt med allt och kan utbyta information svindlande snabbt, långt snabbare än ljusets hastighet.

- En liten summering: Nollpunktsenergin är en formlös, oändlig energi som finns i obegränsad tillgång, den är långt snabbare än ljuset och enormt energität.

Nollpunktsenergin i en proton är likvärdig med universums massa. Atomen är till 99,99% "tom rymd" fylld med nollpunktsenergi (källa: Lanna Mingo, BS och MS).

- Nollpunktsenergi är i grunden ansvarig för atomernas stabilitet.

Hur sker flödet av nollpunktsenergi mellan dimensionerna?

Om vi fortsättningsvis begränsar oss till flödet från 5D till 3D, dvs. från den högre fysiska femte dimensionen till vår dimension, har vi tidigare berört detta vad gäller människan. Utbytet eller transporten in i den fysiska kroppen sker via portaler i eterkroppen, dvs. via *chakrasystemet*. Här sker övergången mellan dimensionerna av denna ultrahöga energitäta frekvens.

Men hur ser det ut på makronivå, hur kommer nollpunktsenergin in i vår värld? Jo, genom faktiska "stargates" eller stjärnportar. Om du går in på http://www.missionignition.net/bethe/ hittar du bilder med linjer som korsar planetens yta. Linjerna kallas *laylines* och knutpunkterna, noderna, kallas ibland för *stargates* vilka fungerar som enorma portaler eller dörrar som öppnas och stängs. När dessa stargates öppnas inträffar ibland en tidsförvrängning, (eng. *time distortion).*

I några av de mer kraftfulla portalerna, de kallas ibland trianglar, t.ex. *Bermudatriangeln,* har märkliga saker hänt. Folk som vistats där har upplevt rotationer liknande tornado och en typ av dimma. När stjärnporten är stängd eller i neutralt läge, kan du flyga eller passera med fartyg över området och ingenting händer. Men när den öppnar sig sker den tidsförvrängning jag just nämnde.

Genom dessa noder, portaler, kommer nollpunktsenergin in i vår värld och skapar allt vi ser omkring oss. Som sagt, materia är förtätat ljus och det ljus vi kan se med våra ögon är också nollpunktsenergi som kommit ner från 5D till vår 3D-verklighet via dessa stargates eller portaler.

De tio huvudportalerna på jorden

Dessa portaler är placerade 19,5·grader norr och söder om ekvatorn, fem på var sida. När nollpunktsenergi flyter igenom dessa portaler och in i vår verklighet är en del av effekten att de upprätthåller planetens förmåga att rotera och dess stabilitet. Portalerna förvränger inte bara tidsuppfattningen när de är öppna, de öppnas och stängs i sekvens för att bl.a. upprätthålla rotationen och stabiliteten hos vår planet. Är inte nollpunktsenergin bärare av intelligens så säg!

Svarta hål, mörk materia och mörk energi

Från människan via jorden ut i rymden. Här möter vi tre nya begrepp - svarta hål, mörk materia och mörk energi.

Enligt dagens fysiker är ett svart hål en kropp i universum med så stark gravitation att det är omöjligt för vare sig ljus eller något annat att ta sig därifrån. Känns det troligt?

Genom att bl.a. studera hur stjärnor rör sig har man lagt fast att det måste finnas något mer där ute som man inte kan se och som man kallar för *mörk materia.*

Är det inte mer logiskt att de svarta hålen är enorma stargates där nollpunktsenergi strömmar in i vår verklighet från högre dimensioner och att det är den energin som upprätthåller dynamiken och stabiliteten hos galaxer och stjärnor? Nollpunktsenergin är så enormt högfrekvent att den inte uppfattas med våra ögon eller med nutida teknik, allt blir svart. Känns inte det mer troligt?

Praktiska tillämpningar av nollpunktsenergi

Låt oss grovt dela in några aktuella tillämpningar i tre grupper beroende på vilken fraktion av nollpunktsenergi som är aktuell:

- Paraelektrisk energi
- Helande energi
- Livskraftsenergi

Paraelektrisk energi. De apparater som inriktar sig på den här delen av energin är de som kommer att ge kraft till våra hem, "hushållsström", kraft till kontor och fabriker och till hela samhället. Prototyper finns. Mycket av utvecklingen här hålls hemlig och hålls tillbaka av mäktiga krafter i samhället, som i denna nya teknologi ser ett hot mot sin egen maktbas, vilken bland annat bygger på kontroll över jordens tillgångar av fossila bränslen.

Det är högst troligt att vi får se denna maktbas rämna under de närmaste åren och att vi får se en flod av ny, sund teknologi som bygger på paraelektrisk energi välla fram och bilda en av hörnstenarna i ett nytt, friskt samhälle.

Allmänt kan man säga att nollpunktsenergin har ett obegränsat antal tillämpningsområden, t.ex. som drivkraft i rymdskepp, för att nämna ett som kanske får dig att höja på ögonbrynen och vidga tankeverksamheten. Att skeppen existerar kan väl ingen som seriöst studerat ämnet förneka. Enbart de enormt vackra, komplicerade och informationsrika avtrycken i sädesfälten (eng. *Crop Circles)* är bevis nog för de flesta. Skeppen använder den obegränsade tillgången på nollpunktsenergi och transformerar ner den superhöga ljusfrekvensen till många dimensioner och fraktioner. Framdriften bygger på attraktionen mellan egengenererade energifält.

Eftersom tekniken vilar på högre dimensioners teknologi, där bland annat tid, avstånd och tröghet kan elimineras, är den för närvarande svår att greppa för oss.

Helande energi. Här finns verktyg, dock ganska få ännu så länge, som för in helande frekvenser av nollpunktsenergi och hjälper till att återställa homeostas (balansen) i kroppen. Av dessa praktiska verktyg kan nämnas AM Wands och olika maskiner. En närmare presentation av utbudet, se www.zeropointglobal.com och www.wandtheworld.com

Livskraftsenergi. Skillnaden mot helande energi är hårfin men utrustning som använder det här frekvensområdet stärker ditt biofält, din aura. När ditt biofält är starkt ger det skydd mot all form av elektronisk "smogg", strålning från mobiltelefoner, datorer, kraftledningar, etc. Här finns bland annat armband men framför allt hängsmycken. Marknadsledande för närva-rande är AM Pendants som verkar genom att vara i resonans med och aktiverar NPE i alla riktningar. Därigenom organiserar och stärker den ditt bioelektriska fält och återställer din homeostas till sitt naturliga, balanserade tillstånd.

I den här och liknande tillämpningar finns alltså utrustning som tar bort smärta och får människor att känna sig upplivade, djur att må bättre, växter att växa fortare och bli stora och gör att födoämnen blir mer näringsrika. Genom att tillämpa rätt frekvenser av nollpunktsenergi kan den mentala hälsan förbättras. Man kan känna sig lugn, mer rofylld, glad och lycklig och sova bättre.

Den etablerade uppfattningen bland dagens fysiker

Även om en allt större skara fysiker känner nyfikenhet och forskariver vad gäller nollpunktsenergi, så är de i minoritet. Majoriteten förnekar dess existens och känner inte alls att ett revolutionerande paradigmskifte ligger bakom hörnet.

En viktig vattendelare är att dagens fysiker inte accepterar att energi kan vara medveten, de godtar inte att intelligent avsikt är en huvudkomponent, att vi här har att göra med en intelligent energi och att nollpunktsenergin är det som vidmakthåller ett intelligent universum. Nej långt ifrån, inom den nuvarande fysiken anses merparten av all materia som död materia.

Den moderna fysiken anser att ett energifält inte kan skapa en effekt på större avstånd, om det inte finns materia att skapa effekten i. Om det inte finns någon materia står de handfallna. Som tidigare nämnts, den moderna fysiken kan inte förklara vad som finns i 95% av Universum och hur dessa 95% påverkar resterande 5%.

Mer om morgondagens fysik

Det finns en annan vetenskap på stark frammarsch som klart och tydligt vänder sig mot mycket inom strängteorin och mycket i anslutning till den och mot flertalet teorier inom den moderna teoretiska fysiken. Vi har här en vetenskap med växande medvetenhet som säger att nollpunktsenergi är detta medvetande, en vetenskap som säger att vi måste se bortom Newton och Einstein, till och med bortom kvantfysiken, och skapa en ny vetenskap för att beskriva vår fysiska verklighet.

Denna fysik är en fysik av fraktaler och virvelvetenskap, en fysik som ser på hela processen på ett annorlunda sätt, som ser medvetandet som en del - som en bärande komponent och inkluderar allt detta i den fysiska vetenskapen.

Allteftersom insikten ökar kommer behovet av ett paradigmskifte att öka, och vi kommer att gå över till den medvetna fysik som vi pratar om här. Den etablerade fysiken kräver objektiva mätvärden. Är det inte mätbart existerar det inte. Många, varav några namngivits i den här sammanställningen, har kommit fram med vibrerande bekräftelser på att den här energin existerar och har kunnat mäta den. Så vi har här en fysisk grundsten som kan mätas och har mätts.

Den kan utnyttjas av människan så att hon kan skapa en ny vetenskap, en vetenskap som omfattar även den icke fysiska verkligheten. Lämpligen kan den inkluderas i ett större sammanhang, nämligen inom vetenskapen om medvetandet - en vetenskap som kombinerar den fysiska aspekten med livets vetenskap.

Texten är ett utdrag ur en artikel skriven av *Karl-Gustav Levander,* som hämtat inspiration och fakta från Sheldan Nidles DVD-föredrag "Zero Point, The Endless Sea of Energy" (www.paoweb.com) m.fl. källor.